NATÁLIA MONDELLI

O MUNDO É SEU NEGÓCIO FECHADO!

NATÁLIA MONDELLI

O MUNDO É SEU NEGÓCIO FECHADO!

www.dvseditora.com.br

São Paulo, 2025

O MUNDO É SEU

Preparação e Revisão de Textos: Algo Novo Editorial
Design de capa: Rafael Brum
Projeto gráfico e diagramação: Bruno Ortega | BRO® studio

Dados Internacionais de Catalogação na Publicação (CIP)
(Câmara Brasileira do Livro, SP, Brasil)

Mondelli, Natália
    O mundo é seu negócio fechado! / Natália Mondelli. -- 1. ed. -- São Paulo : DVS Editora, 2025.

    ISBN 978-65-5695-151-5

    1. Administração de empresa 2. Comunicação organizacional 3. Diversidade cultural 4. Liderança 5. Performance 6. Planejamento estratégico 7. Redes de negócios I. Título.

25-275468   CDD-658

Índices para catálogo sistemático:

1. Administração de empresas   658

Aline Graziele Benitez - Bibliotecária - CRB-1/3129

> *Para aqueles que ousam cruzar fronteiras, que transformam o desconhecido em lar e encontram a liberdade em cada passo da jornada. Vocês, que vivem em constante reinvenção, que acolhem o novo com o coração aberto, absorvem a riqueza de diversas culturas e pessoas e descobrem a beleza de se tornar múltiplo. Vocês são os verdadeiros heróis dessa aventura que é viver em movimento."*

— Natália Mondelli

DEDICATÓRIA

Aos meus pais, **Bráz e Márcia**, meus irmãos, **Fabiana e Fabrízio**, e minha sobrinha Isadora, minha mais profunda gratidão. Cada oportunidade que vocês me deram foi um presente que abracei com determinação, sempre movida pela paixão de explorar o mundo e suas infinitas particularidades culturais.

À minha família alemã; Bernhard, Paula, Hilda e Michael; que desde o dia um me acolheram e fazem minha vida mais doce na Europa.

Ao **Christian**, meu maior admirador e apoiador, por sempre estar ao meu lado, incentivando meus sonhos e acreditando no meu potencial. Ao meu filho, **Rafael**: ser sua mãe é a maior dádiva que Deus me deu, e sou infinitamente grata por isso. Vocês são as minhas mais doces escolhas.

É o amor e o apoio de vocês que me encorajam a ver as diferenças culturais não como barreiras, mas como pontes para compreensão e respeito. Vocês me ensinam a enxergar além das fronteiras, a valorizar a beleza única de cada cultura e a entender que, nas entrelinhas de cada gesto, hábito e tradição, há uma história rica que merece ser honrada.

Em cada capítulo deste livro, há um pouco de vocês – e o legado que juntos estamos construindo neste mundo. Vocês despertam em mim a verdadeira riqueza: a capacidade de abraçar o mundo.

Esta obra é fruto das experiências que vivi, das lições aprendidas ao viver em novas culturas, trabalhar, estudar, palestrar, investir e empreender em diversos países. O livro nasce da vontade de compartilhar essas lições com empresários e profissionais que, assim como eu, encontram na diversidade o caminho para o sucesso e a inovação. Que as experiências aqui relatadas possam guiar os leitores a evitar mal-entendidos e a construir parcerias de confiança em qualquer parte do mundo, sempre com a humildade de aprender e o desejo de crescer.

Dedico a você, que tem a coragem de viver em movimento e sair da zona de conforto; a você, que busca a própria jornada com a beleza de aprender com as diferenças. Que este livro seja um farol para aqueles que veem, na pluralidade, a força necessária para transformar o mundo.

AGRADECIMENTOS

Ao **professor Alexandre Rodrigues**, por ter feito a ponte com a DVS Editora, por ser meu parceiro de negócios e um amigo para a vida.

À **DVS Editora**, na figura do Sergio e do Alexandre, pela confiança e pelo suporte em cada etapa deste processo.

Ao **Joel Jota**, por ter plantado a semente da vontade de escrever. Obrigada por me inspirar a transformar ideias em palavras. E palavras, em ações.

Ao **Alexandre Assis**, que gentilmente aceitou escrever o posfácio deste livro. Você é uma prova viva de resiliência e determinação, qualidades que admiro profundamente.

Ao **Flaviones, Flávio Augusto da Silva**, meu querido mestre e mentor, obrigada por me desafiar constantemente a ser uma pessoa melhor. Sua vivacidade e perseverança em tornar este mundo um lugar mais próspero e justo são verdadeiras fontes de inspiração.

Às queridas **Roberta Tomaz** e **Larissa Muylaert**, vocês são incríveis!

Às minhas amigas de toda a vida, **Pum** (dra. Thalita Leme Franco), **Meu Nome** (dra. Marcela Tagliani), **Chutada** (dra. Viviane Borges), **Queca** (dra. Raquel Aquino) e **Pequenos** (Manuela Saggioro), pela amizade inabalável e pelos momentos únicos que compartilhamos ao longo de mais de quarenta anos.

Aos amigos e parceiros de negócios ao redor do mundo, minha gratidão por cada momento compartilhado que inspirou este livro. Obrigada a todos que fazem parte da minha história e que contribuíram para tornar esse sonho em realidade!

SUMÁRIO

PREFÁCIO

Nesta obra, conheceremos um conteúdo valioso no universo dos negócios internacionais: um convite à imersão em diferentes culturas com visão prática. É uma jornada que mostra como sair da zona de conforto, enfrentar o desconhecido e transformar experiências reais em crescimento profissional e pessoal. Um verdadeiro guia para quem deseja atuar no mundo com inteligência cultural e propósito.

Mais do que um manual sobre negócios, este livro ensina que, antes de qualquer contrato, vem o respeito. Que cultura não é obstáculo, mas ponte. E nos lembra que o mundo pertence a quem tem coragem de se adaptar sem jamais perder a própria essência.

Aqui está, em palavras e ideias, aquilo que sempre carreguei como convicção: o protagonismo real. Aquela pessoa que não esperou as condições perfeitas, que não pediu licença para começar. Ela foi lá e fez. Mais do que isso: cometeu erros, confundiu fuso horário, tropeçou, e ainda assim seguiu em frente. Porque quem deseja construir algo grandioso não pode temer parecer ridículo no começo.

Ao longo destas páginas, você vai rir, se emocionar e, acima de tudo, refletir. Vai entender que o maior ativo de um empreendedor global não é o capital, é a inteligência cultural: a capacidade de ouvir antes de falar, de observar antes de agir e de respeitar antes de fechar um negócio.

Natália pegou suas cicatrizes, deu sentido a elas e transformou em conteúdo de valor. Isso, para mim, é o que define um legado de verdade: impactar outras pessoas com a própria jornada.

Agora é com você, leitor.

Flávio Augusto da Silva
Fundador da Wiser Educação

CARTA AO LEITOR

Olá, querido leitor, querida leitora! Que bom ter você aqui para embarcar comigo nessa fascinante jornada, repleta de histórias, aprendizados e insights sobre como as diferenças culturais podem ser a chave para fechar negócios bem-sucedidos ao redor do mundo. Este livro é fruto das minhas andanças, dos meus "micos" (sim, paguei alguns!) e dos aprendizados que colhi ao longo do caminho com pessoas e culturas tão diversas. Tive a sorte – e a coragem! – de sair sozinha pelo mundo com apenas 11 anos e, desde então, nunca mais parei.

Aqui, você vai encontrar um montão de histórias reais e dicas práticas de quem viveu na pele as alegrias e os desafios de trabalhar, morar e fazer negócios em lugares distintos. **Vou mostrar como a sensibilidade cultural e o respeito são verdadeiros passaportes para abrir portas e criar conexões sólidas** (e, com sorte, sem tantas gafes!).

Claro, vou falar sobre valores, costumes e tradições, através da *minha* perspectiva e vivências – e já aviso: faço algumas generalizações porque, claro, estamos falando de traços que caracterizam muitos, mas não todos os indivíduos. Cada pessoa é única, e cada situação também! De qualquer forma, quero que este livro seja seu guia para se conectar com o mundo sem perder a leveza – e, quem sabe, você possa até se divertir com os meus perrengues!

Quero também dar um spoiler: já visitei mais de oitenta países por vários motivos – comecei ainda bebê com os meus pais. No entanto, escolhi 65 países para compor este livro pois os considero estratégicos. Alguns deles ainda não visitei pessoalmente, como vários do Oriente Médio, da Ásia ou da Oceania, mas já realizei negócios com **todos** que estão aqui. Esse foi o critério para a minha seleção.

Ao longo da vida, tive o privilégio de, em diferentes contextos, interagir e negociar com diversas culturas. Um exemplo marcante foi durante o período em que trabalhei em um navio de cruzeiro, com mais de setenta nacionalidades a bordo. Outro foi enquanto estudei e trabalhei em escolas internacionais na Argentina, nos Estados Unidos, na Itália e na Suíça. Além disso, moro há muitos anos em Basel (ou Basileia, em português), na Suíça, uma cidade que abriga mais de 160 nacionalidades!

Viver em um ambiente tão multicultural me proporciona diariamente a oportunidade de aprender e interagir com pessoas de variadas origens.

Convido você a embarcar comigo nessa jornada e a descobrir as belezas de navegar por este vasto mar cultural com o coração aberto e a curiosidade como guia. Que cada capítulo inspire sua vontade de explorar o mundo, impulsione seus negócios e – por que não? – lhe traga histórias incríveis para compartilhar. Estou torcendo muito para que este livro toque corações ao redor do mundo, inspire novas perspectivas e mostre que **as conexões humanas são o maior tesouro nos negócios internacionais**!

Um abraço apertado,
Natália Mondelli

"VOU MOSTRAR COMO A SENSIBILIDADE CULTURAL E O RESPEITO SÃO VERDADEIROS PASSAPORTES PARA ABRIR PORTAS E CRIAR CONEXÕES SÓLIDAS."

PARTE I:
O MUNDO É SEU!

INTRODUÇÃO: POR QUE AS DIFERENÇAS CULTURAIS IMPORTAM?

Você já se pegou em uma situação em que parecia que tudo estava indo bem... até que não estava mais? Talvez você tenha apertado a mão de alguém com força demais, feito uma piada da qual ninguém riu, entregado um presente que causou constrangimento em vez de alegria.

Se sim, bem-vindo ao fascinante (e às vezes embaraçoso) mundo das diferenças culturais!

Na sociedade globalizada em que vivemos, na qual negócios são fechados ao toque de um botão, e parcerias são formadas entre pessoas separadas por oceanos, há algo que ainda não podemos automatizar: **a conexão humana.** E, como você descobrirá nas páginas a seguir, o segredo para construir essa conexão está na compreensão e no respeito pelas diferenças culturais.

Antes de começarmos, deixa eu contar uma coisa: este livro não é um manual teórico ou uma lista de "faça isso, e nunca aquilo". Ele é uma viagem – a minha viagem – por 65 culturas diferentes, recheada de histórias reais, aprendizados inesperados e, claro, micos inesquecíveis. Aqui, você vai entender como essas experiências podem ajudá-lo a transformar as diferenças culturais em uma **vantagem estratégica nos negócios.**

Por exemplo, sabia que, no Japão, o silêncio pode ser mais poderoso que as palavras? Em negociação com japoneses, aprendi que uma pausa silenciosa não significa que você perdeu o interesse – muito pelo contrário! Os japoneses valorizam o tempo de reflexão, algo que foi desafiador para uma brasileira como eu, acostumada a preencher cada momento com conversas. O resultado desse aprendizado? Uma parceria que começou com o respeito a esses segundos de quietude.

Imagine negociar com pessoas da Arábia Saudita. Durante um almoço de negócios, percebi que o anfitrião insistia em encher meu prato, mesmo quando eu dizia que estava satisfeita. Descobri que, em muitas culturas do Oriente Médio, recusar comida pode ser visto como desrespeito. Aprendi a aceitar com gratidão – e a comer com moderação.

Ah, a comunicação! Não importa se estamos em reuniões formais, jantares casuais ou até mesmo respondendo a um e-mail, cada cultura tem o próprio jeito de dizer (ou não dizer) as coisas. Já tentou entender os gestos italianos em uma negociação? Ou decifrar o "sim" que, na verdade, é um "não educado" em alguns países da Ásia?

Uma vez, em uma reunião com pessoas da Índia, usei a cabeça para balançar afirmativamente, achando que estava mostrando atenção e concordância. Só depois descobri que o gesto que eu fiz poderia ser interpretado como confusão. O que parecia um detalhe bobo quase comprometeu toda a conversa.

E o humor britânico, então? Já tentou fazer uma piada leve para quebrar o gelo? Eles podem te olhar por cima dos óculos sem expressar nenhuma reação. Mas fique tranquilo, o silêncio não é necessariamente um sinal de desaprovação – só de que eles processam o humor de um jeito único. Bem único na verdade...

Compreender culturas vai muito além de saber que no Brasil abraçamos até estranhos, enquanto na Finlândia as pessoas preferem manter distância. **Quando você entende as nuances – os porquês por trás das tradições – consegue antecipar movimentos, construir confiança e criar pontes que vão além do contrato. No fim das contas, negócios são sobre pessoas, não se esqueça disso.**

Por exemplo, na Alemanha, o famoso "aperto de mão firme e direto" é mais do que uma formalidade: é um sinal de profissionalismo. Já na Tailândia, o *wai* (uma reverência com as mãos juntas) não é só um cumprimento, mas uma demonstração de respeito. **Saber interpretar esses gestos é como ter um superpoder que faz você navegar com graça em qualquer sala de reunião global.**

No mundo dos negócios globwais, a etiqueta em reuniões é mais do que um detalhe; é uma demonstração de respeito, um catalisador de confiança e, muitas vezes, o que diferencia um bom negócio de um fracasso. Entender o **porquê** das normas culturais e segui-las à risca pode fazer toda a diferença no seu sucesso.

Na Suíça, a pontualidade é um reflexo da eficiência e do comprometimento que se espera no ambiente profissional. Chegar atrasado pode passar a mensagem de desinteresse ou falta de organização, dois atributos que comprometem qualquer negócio. Por outro lado, na Argentina, começar uma reunião com um bate-papo descontraído não é perda de tempo: é uma maneira de construir relacionamentos e estabelecer confiança antes de qualquer transação formal. Ignorar esse momento pode parecer pressa ou rudeza.

A Itália nos ensina que negócios são pessoais. Lá, a etiqueta inclui trazer emoção e autenticidade para a conversa, muitas vezes mesclando trabalho com momentos de lazer, como um almoço ou jantar. Negligenciar essa abordagem calorosa pode criar barreiras. Já na Espanha, expressar suas opiniões com energia é aceito e esperado – os espanhóis valorizam a paixão e a espontaneidade, mas sempre com respeito ao momento coletivo.

Nos Estados Unidos, o foco é a eficiência. Começar uma reunião com objetivos claros e ir direto ao ponto demonstra profissionalismo e respeito pelo tempo alheio. No entanto, ignorar o *small talk* inicial – aquele breve momento para trocar comentários casuais – pode fazer você parecer distante ou impessoal.

Seguir regras de etiqueta em reuniões não é apenas "jogar pelo seguro". É adaptar sua abordagem, mostrando que você entende e respeita as prioridades, os valores e os costumes do seu interlocutor. Esse cuidado, no fim das contas, facilita a comunicação e constrói a base para parcerias duradouras. **A etiqueta, portanto, é mais do que boas maneiras; é uma estratégia poderosa.**

Este livro é um convite para aprender, rir e, acima de tudo, entender o que torna cada cultura única. É sobre como as tradições moldam decisões, como pequenos gestos podem falar mais alto do que palavras, como até os micos mais embaraçosos podem se transformar em lições valiosas.

Nas próximas páginas, você encontrará histórias reais que eu vivi em diferentes países, com diferentes culturas – do brinde proibido na Hungria ao dilema do cartão de visitas com japoneses. Cada capítulo é uma oportunidade de mergulhar em um novo cenário e descobrir que, embora sejamos todos diferentes, **a chave para o sucesso está na curiosidade, no respeito e, claro, na disposição de rir de si mesmo**.

Então, prepare-se para embarcar nessa jornada. E não se preocupe: se você já pagou algum mico, vai se sentir muito melhor depois de ler os meus. 😊

Bora começar? Aperte os cintos! 🌎✨

"QUANDO VOCÊ ENTENDE AS NUANCES – OS PORQUÊS POR TRÁS DAS TRADIÇÕES – CONSEGUE ANTECIPAR MOVIMENTOS, CONSTRUIR CONFIANÇA E CRIAR PONTES QUE VÃO ALÉM DO CONTRATO. NO FIM DAS CONTAS, NEGÓCIOS SÃO SOBRE PESSOAS, NÃO SE ESQUEÇA DISSO."

CAPÍTULO 1:
AMÉRICA
DO NORTE

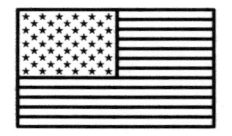

ESTADOS UNIDOS

LIBERDADE, MICOS E LIÇÕES DE VIDA

... Entre Disney, *home stay*, salas de reuniões, congressos, eventos e contratos gigantes em Nova York com uma ONG.

Se tem uma coisa que os Estados Unidos me ensinaram é que eles são um país continental, não só em tamanho, mas também em diferenças culturais. Minha jornada com os norte-americanos começou cedo, quando, aos 11 anos, embarquei em uma excursão para a Disney – eu, minha irmã, uma mochila cheia de sonhos, uma guia e outros adolescentes animados. Era a primeira vez longe dos meus pais, e eu achava que sabia de tudo... até minha irmã se perder no parque Epcot.

Foi ali, entre as réplicas de países e tentando me localizar no mapa (que eu segurava de ponta-cabeça), que percebi: o mundo é realmente *muito* maior do que o meu quintal. Descobri que os norte-americanos são extremamente organizados, com horários rígidos até para diversão, algo que me parecia estranho na época. E aprendi que era permitido sorvete no café da manhã – algo que aproveitei sem moderação.

Fast forward para os 16 anos, e lá estava eu, em San Diego, no auge da adolescência, morando em La Jolla com uma família mórmon. Entre a liberdade de estar em um lugar paradisíaco e a responsabilidade de me virar sozinha, vivi experiências que moldaram minha vida. Se a Disney me ensinou organização, La Jolla me ensinou adaptação.

Anos mais tarde, percebi que, na Califórnia, mesmo em reuniões de negócios, as coisas tinham um tom leve, descontraído, quase tropical. Por outro lado, foi quando comecei a negociar com parceiros nos Estados Unidos que vi como a experiência lá é multifacetada. Trabalhar com uma ONG de Nova York, por exemplo, foi como entrar em um episódio da série *Suits*: sapatos brilhando, relógios caríssimos, e uma velocidade na conversa que parecia correr contra o tempo. É engraçado perceber que, mesmo dentro de um país, os estilos de trabalho podem ser completamente diferentes.

Em Nova York, tudo era eficiência, contratos minuciosos e até certa frieza. Em um dos meus primeiros encontros, tentei quebrar o gelo com uma piada leve sobre o clima, mas eles só me olharam e disseram: "Vamos ao ponto". Era o oposto de San Diego, onde o CEO poderia usar bermuda e chinelo e onde as reuniões começavam com conversas sobre surf e os melhores tacos da cidade.

Uma vez, em uma reunião virtual com uma equipe de diferentes estados, cometi um erro clássico: **não converti o fuso horário corretamente**. Eu estava na Costa Oeste (PST), eles estavam na Costa Leste (EST). Quando entrei no Zoom, confiante, às 10h00, percebi que a reunião já estava no final! "Oh, você perdeu os principais pontos, mas te enviaremos um resumo", disseram. Aquele momento de constrangimento foi o suficiente para eu nunca mais esquecer de verificar os fusos.

Ah, os contratos estadunidenses! Nunca vou esquecer a primeira vez que recebi um. Achei que era brincadeira. O documento tinha mais páginas que alguns livros que já li. Quando abri os anexos, pensei que era uma armadilha! Quinze arquivos detalhadíssimos, com cláusulas que iam desde o uso da marca até a política para cancelamento em dias de nevasca. Foi aí que entendi: para os americanos, **clareza é tudo**. Contratos longos e formais são um jeito de evitar surpresas – e, claro, proteger ambas as partes. Minha dica? Leia tudo. Sim, tu-do. Leia e entenda o que está escrito e previna-se de alguns sustos no futuro.

Outro ponto, os estadunidenses amam follow-ups. Após minha primeira reunião, fui preparar aquele e-mail resumindo os tópicos discutidos, os próximos passos e o cronograma. Achei que era exagero, mas, para minha surpresa, o cliente respondeu: "Adorei o e-mail. Obrigado por organizar tudo. Vamos trabalhar com base nisso!". Percebi que a prática não é apenas útil; é esperada! Eles valorizam essa clareza e a ideia de que todos estão alinhados. Se você esquecer o follow-up, pode apostar que vão te achar desorganizado. Hoje, eu escrevo até o que comemos na reunião (brincadeira, mas nem tanto!).

> **"A LIBERDADE VEM COM UM PREÇO, E ESSE PREÇO É A RESPONSABILIDADE."**

HIGH SCHOOL EM SAN DIEGO: LIÇÕES DE VIDA COM UMA FAMÍLIA MÓRMON

Aqui vale a pena contar um pouco mais da minha experiência morando e estudando em La Jolla, em San Diego. Em frente à praia, parecia um sonho para qualquer adolescente, mas, para mim, foi um choque de realidade. Eu venho de uma família italiana e espanhola, bem tradicional e conservadora, na qual praticamente tudo era supervisionado. No Brasil, eu não dava um passo sem que tivesse alguém ao lado. De repente, lá estava eu: sozinha, livre, e morando em outro país.

A liberdade era empolgante, mas também assustadora. Eu tinha que cuidar de mim mesma, tomar decisões e, o mais importante, lidar com as consequências. Isso ficou claro quando cometi meu maior erro: aceitei carona de um homem que conheci na praia. Na hora, parecia inofensivo, mas quando ele, no meio do caminho, quis me levar para a casa dele e eu tive que gritar para sair do carro e ser deixada no meio do nada, foi bem complicado. Quando minha *host mother* descobriu, levei uma bela de uma bronca. Ela ficou indignada: "Você não tem noção do perigo? Como você faz isso em um país que não é o seu, com alguém que não conhece?". Foi quando caiu a ficha: **a liberdade vem com um preço, e esse preço é a responsabilidade.** Aprendi que nem todos têm boas intenções e que, para aproveitar a independência, eu precisava estar sempre atenta e saber me preservar.

E, claro, vivendo com uma família mórmon, os choques culturais eram inevitáveis. Para eles, o domingo era sagrado, reservado para orações, leituras da Bíblia e a famosa *family night*, quando todos cantavam cânticos religiosos e refletiam juntos. Para uma brasileira, acostumada com um churrasco animado no fim de semana, aquilo era no mínimo *peculiar*. Teve um dia em que, enquanto eles cantavam, eu comecei a batucar na mesa para acompanhar o ritmo. Meu *host dad* parou e disse: "Natália, isso não é samba!". Eu, segurando o riso, percebi que a batucada tinha sido completamente automática e inconveniente.

Na escola, cursando o *high school*, foi outro mundo. Imagine eu, acostumada com abraços calorosos, sorrisos fáceis e conversas barulhentas, chegando a um ambiente onde um simples "*hi*" é a norma. No almoço, fiz questão de puxar assunto com um grupo de colegas. Perguntei como estavam e comecei a contar sobre o churrasco brasileiro. Eles me olharam como se eu tivesse acabado de falar em outro idioma – e talvez eu tenha mesmo, porque expliquei o conceito de "picanha" com gestos exagerados. Silêncio absoluto. Até que uma garota respondeu *cool!*" e deu de costas para mim.

As diferenças culturais continuavam. Durante o almoço, eu reclamava mentalmente da ausência de arroz e feijão, enquanto meus colegas comiam sanduíches com cara de que tinham sido feitos às pressas. E os encontros sociais? Um dia, me convidaram para uma "festa", e eu fui imaginando algo típico brasileiro, cheio de música alta e gente dançando. Quando cheguei, era uma reunião silenciosa, com pessoas jogando jogos de tabuleiro e sentados. Eu pensei: *Cadê o som? Cadê a bagunça?* Com o tempo, aprendi a me divertir de outras formas – e, claro, a apreciar uma boa partida de *Monopoly*.

Morar sozinha em um país diferente – ainda mais em uma família mórmon – foi um mergulho em um mundo que eu nunca imaginei. Engraçado, desafiador e, acima de tudo, transformador – especialmente por ter passado por isso tão nova. Percebi que nem tudo é café e samba, e que os estadunidenses têm o próprio jeito peculiar de curtir a vida.

Com 11 anos, vivi minha primeira grande aventura: navegar pelo desconhecido com o coração acelerado e os olhos brilhando. Era a minha estreia em ser "independente" – o que significava encontrar sozinha a fila certa para andar na Space Mountain, na Disney. Mas, para mim, aquilo era o mundo se abrindo.

Aos 16, experimentei o sabor da liberdade verdadeira. Descobri que ela é um presente. Cada escolha carrega um peso, uma consequência, e mesmo assim é uma delícia poder escolher!

Na vida adulta, mergulhei no universo dos negócios e percebi que ele é tudo, menos previsível. Inclusive dentro de um único país, como os Estados Unidos, cada região pulsa de um jeito: Nova York com sua urgência eletrizante, Califórnia com seu espírito criativo e leve, Flórida com sua diversidade vibrante. Cada estado tem seu próprio compasso, suas leis, seus costumes. Entender essas nuances virou minha bússola para navegar com mais consciência, estratégia e, claro, paixão.

> **"AOS 16, EXPERIMENTEI O SABOR DA LIBERDADE VERDADEIRA. DESCOBRI QUE ELA É UM PRESENTE. CADA ESCOLHA CARREGA UM PESO, UMA CONSEQUÊNCIA, E MESMO ASSIM É UMA DELÍCIA PODER ESCOLHER!"**

DICAS SOBRE DIFERENÇAS CULTURAIS ENTRE BRASIL X USA EM NEGOCIAÇÕES INTERNACIONAIS

1. INTERPRETAÇÃO DE FEEDBACK E CRÍTICAS

Nos Estados Unidos, o feedback nas negociações tende a ser direto e baseado em fatos. O foco está no que pode ser melhorado ou ajustado de forma objetiva. Já no Brasil, o feedback costuma ser mais sutil e envolto em diplomacia, visando preservar o relacionamento e evitar constrangimentos. Essa diferença pode levar a mal-entendidos, nos quais brasileiros interpretar o feedback estadunidense como insensível, e os norte-americanos podem perceber o feedback brasileiro como vago ou evasivo.

Portanto, adote uma abordagem híbrida, seja claro e direto ao apresentar pontos críticos, mas mantenha a empatia e o respeito, característicos da comunicação brasileira.

2. ABORDAGEM TEMPORAL: FLEXIBILIDADE X RIGOR

Enquanto os americanos geralmente seguem uma agenda rígida e valorizam a pontualidade extrema, priorizando eficiência e cumprimento de prazos, os brasileiros podem adotar uma postura mais flexível em relação ao tempo, priorizando a construção de relações e a adaptabilidade a mudanças inesperadas.

Por isso, planeje reuniões com horários definidos. Comunique-se antecipadamente sobre possíveis alterações e demonstre flexibilidade sem comprometer prazos críticos. Valorize a eficiência, mas sem desconsiderar a importância das relações interpessoais.

3. EXPRESSÕES DE HIERARQUIA E TOM DE VOZ

Nos Estados Unidos, é comum que pessoas de diferentes níveis hierárquicos se comuniquem de forma mais informal e igualitária, utilizando um tom de voz casual. No Brasil, apesar de haver uma tendência crescente para a informalidade, em alguns ambientes ainda prevalece o respeito explícito às hierarquias, com um tom de voz mais formal em interações de nível superior.

Adapte seu estilo de comunicação conforme o contexto e a cultura da empresa. Utilize um tom mais direto e informal, mas mantenha o respeito e o profissionalismo.

4. GESTÃO DE CONFLITOS: EVITAR X CONFRONTAR

Os brasileiros tendem a evitar confrontos diretos a fim de manter a harmonia nas relações, preferindo soluções que preservem as partes envolvidas. Já os estadunidenses são mais confrontadores e abertos a discutir desacordos de maneira direta, vendo isso como uma forma eficiente de resolver problemas.

Esteja preparado para enfrentar conflitos de forma direta durante negociações com americanos. Desenvolva a habilidade de abordar desacordos objetivamente, focando soluções práticas sem levar para o lado pessoal. Estabeleça um ambiente onde o confronto saudável é visto como uma oportunidade de melhoria mútua.

5. USO DE HUMOR E IRONIA

O humor é uma parte intrínseca da cultura brasileira, utilizado inclusive para quebrar o gelo e construir conexões. No entanto, nos Estados Unidos, o humor pode ser mais reservado ou específico, e o uso excessivo ou inadequado de piadas pode ser mal interpretado, especialmente em contextos formais de negociação.

Como superar? Faça uso do humor com moderação e observe as reações dos seus interlocutores. Prefira o humor neutro e evite piadas que possam ser culturalmente específicas ou potencialmente ofensivas – isso, aliás, vale para qualquer lugar, combinado?

O resumo da ópera é que negociar com os Estados Unidos requer uma compreensão profunda e sensível das nuances culturais que vão além dos estereótipos comuns. Ao reconhecer e adaptar-se a mudanças na comunicação de feedback, gestão do tempo, abordagens hierárquicas, manejo de conflitos e uso de humor, você facilitará negociações mais eficazes e harmoniosas, construindo relações comerciais sólidas e duradouras.

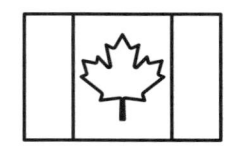

CANADÁ

RESPEITO, GENTILEZA E FRANQUEZA

O Canadá é um país onde tudo parece funcionar e a gentileza das pessoas é quase desconcertante para uma brasileira. Foi exatamente essa gentileza que me pegou de surpresa – ou melhor, me colocou em uma das situações mais constrangedoras e engraçadas que vivi por lá.

Tudo começou quando fui convidada para um jantar na casa de um colega. Cheguei pontualmente (sim, aprendi que, no Canadá, ser pontual é essencial), levei uma garrafa de vinho (porque pensei que seria elegante) e fui recebida com um sorriso caloroso, daqueles que aquecem até mesmo o inverno canadense. Mas aí veio o *plot twist*.

"Gostaria de um chá?", perguntou meu anfitrião. Eu, brasileira, acostumada com chá como sinônimo de resfriado, respondi quase automaticamente: "Não, obrigada, estou bem!". Ele ficou me olhando, confuso, mas insistiu: "É chá preto, de frutas vermelhas, ou talvez um Earl Grey?". Tentei ser educada e reforcei: "Não precisa se preocupar, estou ótima!".

O que eu não sabia era que, no Canadá, oferecer chá não é apenas uma opção de bebida – é quase um ritual social. Recusar chá equivale a rejeitar a hospitalidade da pessoa. Meu colega ficou visivelmente desconfortável, e eu só percebi o tamanho da gafe quando ele disse: "Ah, então talvez um copo de água?", com aquele sorriso meio forçado.

Mas a situação piorou quando, na hora do jantar, enquanto todos estavam contidos e calmos, comendo educadamente, eu soltei uma piada sobre o frio. Algo sobre como "ninguém devia viver num lugar onde o ar te dá tapa na cara ao sair de casa". Silêncio. Ninguém riu. Apenas balançaram a cabeça, como quem pensa: *Nossa, que comentário direto*. Aparentemente, brincar com o clima extremo do Canadá é território sagrado – afinal, eles convivem com isso com muito orgulho.

A lição que aprendi? Primeiro, aceite o chá, mesmo que você não vá beber. É um sinal de gratidão pela hospitalidade canadense. E segundo, brinque com o clima só depois que os canadenses fizerem isso primeiro – eles levam as baixas temperaturas como uma medalha de honra.

Quando comentei que o Canadá era tão organizado que até as folhas caíam das árvores em padrões quase simétricos, meu anfitrião caiu na risada. Logo em seguida, me serviram um chá... sem que eu pedisse. Moral da história? Lá, a gentileza está nos mínimos detalhes, e até os micos são acolhidos com um sorriso

DICAS SOBRE DIFERENÇAS CULTURAIS ENTRE BRASIL X CANADÁ EM NEGOCIAÇÕES INTERNACIONAIS

Negociar com canadenses me trouxe lições valiosas, e vou compartilhar algumas dicas que aprendi, baseadas em situações reais e observações únicas que podem fazer a diferença em interações internacionais.

1. GENTILEZA NÃO É FRAQUEZA; É ESTRATÉGIA

No Canadá, a gentileza e o respeito são praticamente sagrados. Se para um brasileiro "excesso de polidez" soa como "fraqueza", lá é o contrário. A dica é usar essa gentileza a seu favor. Em vez de tentar atropelar as coisas (aquele clássico "vamos resolver logo isso"), aproveite as trocas corteses.

Ao propor um contrato, comece destacando os benefícios para ambas as partes. Os canadenses apreciam parcerias de longo prazo e preferem cooperação à competição. Então, respire fundo e pratique sua melhor versão *zen*!

2. RITUAIS DE HOSPITALIDADE SÃO UM TERMÔMETRO DE CONEXÃO

Como no caso do chá que eu vivi, os canadenses têm seus rituais sociais, e respeitá-los é essencial. Isso inclui desde aceitar uma bebida até o ato de escutar pacientemente, sem interrupções.

Se estiver em um almoço ou jantar de negócios, observe pequenos gestos: o anfitrião pode demorar para comer a fim de garantir primeiro que você está confortável. Responda, mostrando apreço. Dizer algo como: "Eu realmente admiro a forma como vocês valorizam o bem-estar dos convidados" pode quebrar barreiras.

3. PONTUALIDADE E PLANEJAMENTO SÃO INEGOCIÁVEIS

Se você acha que cinco minutinhos de atraso são toleráveis, prepare-se para o choque cultural. Para os canadenses, pontualidade é praticamente um pacto de confiança. Cancelar ou atrasar compromissos de última hora pode ser visto como desrespeito.

Nada de deixar para avisar em cima da hora. Se perceber que vai atrasar, mande uma mensagem antes e peça desculpas de forma formal. Algo como: "Peço desculpas pelo atraso. Já estou a caminho e chego em X minutos". Confie em mim, eles vão valorizar sua iniciativa.

4. DECISÕES PODEM LEVAR TEMPO. RESPEITE O PROCESSO

Os canadenses preferem decisões baseadas em consenso e dados concretos. A pressa pode ser vista como falta de consideração ou, em casos mais extremos, manipulação.

Traga informações claras e ofereça tempo para que seus parceiros reflitam. Ao propor um negócio, envie um resumo detalhado antes da reunião e diga algo como: "Gostaria muito de ouvir suas ideias sobre como podemos ajustar isso". Eles vão adorar sua calma e colaboração, demonstrando respeito com o ritmo deles.

5. CUIDADO AO DISCUTIR TÓPICOS POLÊMICOS

Se você é daqueles que adora começar uma conversa com política ou religião para testar a confiança, cuidado! Os canadenses são mestres em evitar confrontos diretos e preferem temas leves e positivos.

Jogue na neutralidade e mostre apreço ao multiculturalismo do Canadá, algo como: "Admiro como o Canadá consegue equilibrar tantas culturas diferentes. Isso deve enriquecer as negociações". Perceba como essa abordagem cria conexão e mais: você ainda mostra que entende o contexto deles. Ponto para você!

Outra coisa: agradeça, mas sem exageros. Nós, brasileiros, costumamos demonstrar gratidão de forma efusiva, o que, em algumas situações, pode soar exagerado para canadenses. Para eles, um "obrigado" bem colocado tem bastante valor. Encerre negociações ou interações com um agradecimento direto e sincero, como: "Muito obrigada por esta oportunidade de trabalharmos juntos. Estou ansiosa para ver os resultados". Simples, direto e eficiente.

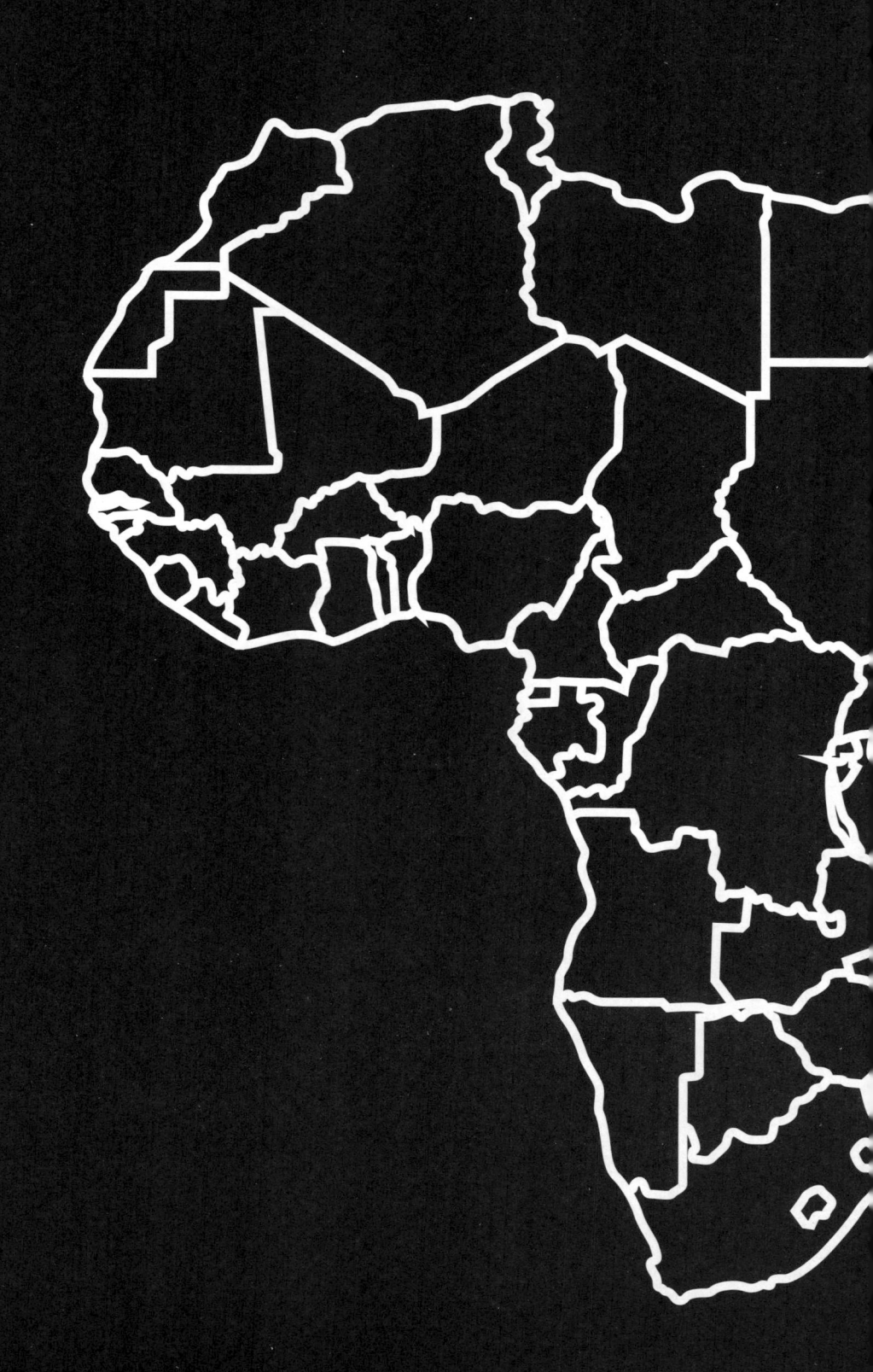

CAPÍTULO 2:
ÁFRICA

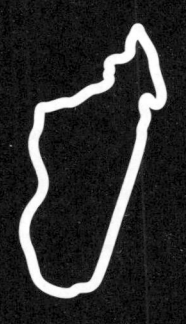

*Á*frica. Apenas dizer o nome já traz à mente imagens vibrantes de paisagens espetaculares, culturas fascinantes e uma riqueza histórica que é o berço da história de toda a humanidade. Terceiro maior continente do mundo e um dos mais populosos, **a África é um lugar onde a pluralidade étnica e cultural se mistura de forma única**. É uma terra de contrastes: enquanto é lar de uma biodiversidade impressionante e uma história milenar, também enfrenta desafios profundos, como pobreza extrema, subnutrição e baixos índices de desenvolvimento humano. É uma terra que emociona, surpreende e ensina.

Tive o privilégio de conhecer esse continente em duas oportunidades muito diferentes, mas igualmente transformadoras. Na minha primeira visita, o destino foi ainda mais vasto: enquanto trabalhava em um navio de cruzeiros. Só essa experiência, na qual eu literalmente "entrei de gaiato no navio", já daria um livro inteirinho. Com essa vivência eu percorri a costa africana, explorando Cabo Verde, Senegal, Mauritânia, Angola e Namíbia. Cada lugar deixou sua marca única em mim...

Durante o tempo embarcada, vivi e trabalhei em condições extremas. Fiquei desnutrida, enfrentei tripulantes envolvidos com tráfico internacional de drogas e presenciei mulheres se prostituindo na minha cabine. Denunciei essas situações e, como consequência, fui perseguida a bordo. Foram situação extremamente delicadas, a ponto de o navio em que trabalhei ser denunciado à Organização Internacional do Trabalho (OIT) por práticas de trabalho escravo.

Já no primeiro dia a bordo, deparei-me com condições desumanas. Assim que chegamos em terra firme, em Dakar, procurei um orelhão e liguei para uma das minhas melhores professoras da UNAERP, em Ribeirão Preto, a dra. Daniela Marassia. Relatei a ela minha decepção e tudo o que estava vivenciando. Em resposta, ela me enviou por e-mail um formulário qualitativo para que eu pudesse entrevistar uma amostra de 35 tripulantes, chamado "Protocolo da qualidade de vida no trabalho" por Hackman & Oldham.

De pose desse material, ao finalizar as entrevistas, pedi demissão e desembarquei – tive o privilégio de conseguir desembarcar, mas muitos não puderam arcar com os "custos" de desistir de um contrato tão rígido. Saí do navio com um material único, que me permitiu escrever minha monografia de conclusão da graduação em Turismo e Hotelaria sobre a baixa qualidade de vida dos tripulantes de cruzeiros internacionais. Além disso, **levei comigo aprendizados profundos e vivências marcantes, que me fizeram refletir sobre o meu papel no mundo.** Sou grata por ter vivenciado esse "sonho" (ou seria um pesadelo?) tão cedo na vida e por ter aprendido que nem tudo o que desejamos é, de fato, o melhor para nós. Agradeço também aos meus pais, que mais uma vez me permitiram me jogar no mundo e viver essa experiência.

Já na segunda oportunidade no continente africano, eu estava casada e fui com meu marido à África do Sul, onde passamos um mês inteiro imersos em um país tão diversificado que, por vezes, parecia um continente dentro de outro continente. No país, fiquei completamente fascinada com a mistura de culturas, idiomas e histórias. Já a viagem pelo litoral africano foi como folhear um livro de aventuras.

Em Cabo Verde, as paisagens vulcânicas e a música pareciam contar histórias de saudade e força. O Senegal me conquistou com o colorido de seus mercados e a hospitalidade calorosa do seu povo. Sem falar na Ilha de Gorée, um local que traz reflexões profundas sobre a história da escravidão. A Mauritânia, com seu deserto infinito e o charme de Nouakchott, me mostrou a força da simplicidade. Em Angola, senti uma conexão especial com a língua portuguesa e me encantei com as pessoas que, mesmo diante de tantos desafios, carregam um sorriso genuíno no rosto. E na Namíbia... ah, a Namíbia! Não há como descrever a sensação de estar em frente às dunas alaranjadas de Sossusvlei ou de caminhar pelo deserto mais antigo do mundo.

Entretanto, o que mais me marcou em todas essas viagens foi a pluralidade e a força do povo africano. Cada país é único, com as próprias línguas, costumes e tradições, mas existe algo que une todo o continente: uma energia vibrante, uma alegria que resiste às adversidades e um espírito comunitário que aquece o coração.

Por outro lado, também foi impossível ignorar os desafios. Em muitos lugares, a pobreza extrema é visível, assim como os problemas de infraestrutura e os baixos índices de desenvolvimento humano. No entanto, essas questões não definem a África. **O que define o continente é a sua capacidade de se reinventar, sua riqueza cultural e sua contribuição inestimável para a história. Se há algo que posso afirmar com toda a certeza é que a África é muito mais do que imaginamos: ela é história, cultura, resiliência e uma fonte inesgotável de inspiração.**

Visitar, trabalhar e fazer negócios na África não é apenas uma viagem; é uma imersão na essência do mundo, um lembrete de onde viemos e de como a diversidade pode ser uma força poderosa. Essas experiências mudaram minha perspectiva sobre a vida, os negócios e o papel que cada um de nós tem no mundo.

Nas próximas páginas, vou compartilhar alguns detalhes, meus micos, as vivências, as experiências e, acima de tudo, os aprendizados que tive na vida e nos negócios durante minhas passagens pelo continente africano. Pronto?

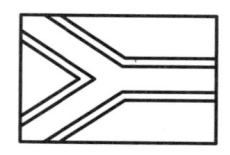

ÁFRICA DO SUL

UM MÊS DE DESCOBERTAS, LIÇÕES E CONEXÕES PROFUNDAS

Passar um mês na África do Sul foi uma experiência que mexeu profundamente comigo, tanto pessoal quanto profissionalmente. O país, conhecido por sua diversidade, história intensa e paisagens de tirar o fôlego, me recebeu de braços abertos, oferecendo uma enxurrada de momentos que me marcaram para sempre.

Tudo começou com uma feliz coincidência. Durante essa viagem, tive a oportunidade de encontrar amigos do meu mestrado na Suíça pela Universidade FHNW, que estavam no país para estudar. Esse encontro acabou sendo uma porta para experiências únicas, já que, com eles, pude participar de visitas técnicas em empresas locais. Foi incrível ver como o ambiente empresarial sul-africano combina senso de inovação com a busca constante por superar desafios históricos. Cada empresa que visitávamos tinha uma história, um propósito e, claro, peculiaridades culturais que tornavam tudo ainda mais interessante.

Entre uma visita técnica e outra, aproveitei para explorar com o meu marido as belezas naturais da África do Sul. Não dá para descrever em palavras a emoção de ver de perto o pôr do sol nas savanas, os famosos *big five* (os cinco animais mais icônicos: leão, elefante, rinoceronte, búfalo e leopardo) em reservas como o Parque Nacional Kruger, ou a grandiosidade da Table Mountain, em Cape Town, com sua vista de tirar o fôlego.

Foi nesse contexto em que a história pulsa a cada esquina, carregada de um passado que ainda ecoa no presente, que vivi uma das experiências mais impactantes da minha vida. Estava hospedada em um hotel cinco estrelas, um lugar que exalava luxo e conforto. Certa noite, voltando de uma loja de artesanato, enquanto eu passava pela recepção, presenciei uma cena de racismo tão explícita que me faltaram palavras – mas só por alguns segundos.

Um hóspede tratava um recepcionista local e negro com tanta hostilidade, desdém e palavras ofensivas que minha indignação transbordou. Virei um leão naquele momento. Não me contive e intervi, exigindo respeito e tentando, de todas as formas, defender aquele trabalhador que estava visivelmente muito abalado.

Minha reação quase me colocou em problemas, já que o homem não gostou nada da minha intromissão e chamou a polícia, que queria me levar presa e deixar o imbecil do hóspede impune! Mas eu estava irredutível. Precisa ser muito esforçado para conseguir me tirar do meu centro, mas quando saio, meus 1,49 metros de altura se transformam em 2,50 metros. E o meu senso de justiça é capaz de me tirar do meu eixo.

O que mais me chocou, no entanto, foi perceber que ninguém ao redor parecia surpreso – como se aquela cena fosse parte da rotina. Foi nesse momento que a dura realidade me atingiu: no país do *apartheid*, o racismo não está escondido; ele é explícito, escancarado, à flor da pele. O *apartheid* foi um regime de segregação racial na África do Sul, iniciado em 1948, que institucionalizou a discriminação contra a população negra, restringindo direitos, acesso a serviços e forçando a separação em todas as esferas sociais. Foi abolido em 1994, com a eleição de Nelson Mandela como presidente.

No Brasil, sabemos que o racismo existe, mas ele é disfarçado, velado, algo que aprendemos a reconhecer nas entrelinhas. Eu ainda não sei qual dos dois é o mais nojento, mas ambos, lamentavelmente presentes em muitas culturas, sejam explícitos ou implícitos, vão contra os valores que defendo e pelos quais luto: igualdade e liberdade. Na África do Sul, o racismo grita, e dói profundamente ver isso. Chorei naquela noite. Chorei por aquele recepcionista, por tantas outras pessoas que vivem o preconceito diariamente, e por perceber que, mesmo anos após o fim do *apartheid*, as feridas desse sistema ainda estão abertas e expostas.

Apesar dessa experiência dolorosa, e de quase ter sido presa no país sem meu marido nem imaginar o que estava acontecendo na recepção do hotel, a África do Sul me mostrou a força de um povo que luta diariamente para superar o passado. Conhecer as diferenças culturais entre o Brasil e a África do Sul foi fascinante.

Enquanto nós, brasileiros, somos conhecidos pela nossa espontaneidade e calor humano, os sul-africanos têm uma abordagem mais reservada, especialmente no ambiente profissional. A diversidade de línguas – são onze idiomas oficiais – reflete a complexidade cultural do país, e entender essas nuances é fundamental para criar conexões reais. Aprendi, por exemplo, que um simples *sawubona* ("olá", em zulu – o som é bem parecido ao estalar de um beijo) pode abrir portas e arrancar sorrisos, mostrando que você valoriza a cultura local. Negociar na África do Sul é uma experiência única e rica, mas exige sensibilidade para entender o contexto histórico e cultural do local. A primeira lição é que confiança é fundamental. Os sul-africanos podem ser mais cautelosos no início, devido às feridas deixadas pelo *apartheid*. Demonstrar respeito, ouvir ativamente e ser transparente são atitudes que ajudam a construir essa ponte.

Outra característica importante é a hierarquia. Embora muitos setores sejam modernos e dinâmicos, há um respeito claro pelas posições de liderança, especialmente em empresas mais tradicionais. Além disso, a diversidade cultural faz com que cada grupo étnico exija uma abordagem diferente. Por isso, adaptar-se ao estilo de comunicação do seu interlocutor é essencial. Seja mais formal em contextos corporativos e tenha cuidado para não ser excessivamente direto, algo que pode ser interpretado como rudeza em algumas situações.

Para nós, brasileiros, a chave do sucesso está em aproveitar nossa capacidade natural de criar conexões pessoais. Use seu jeito caloroso para quebrar o gelo, mas sempre com respeito às formalidades iniciais. Outra dica é ser paciente: a África do Sul tem um ritmo diferente, e forçar decisões rápidas pode gerar resistência.

Aproveite também para mostrar interesse genuíno pela cultura local. Um elogio à culinária, como o tradicional prato *bobotie,* ou uma referência às danças vibrantes contribui para um ambiente mais descontraído.

No fim, negociar na África do Sul é muito mais do que uma troca comercial; é uma oportunidade de aprender, crescer e contribuir para um país que ainda está se reinventando. Cada conversa, cada gesto de respeito e cada sorriso trocado são passos que ajudam a construir pontes culturais que enriquecem ambos os lados.

Desde menina sempre fiz cruzeiros com os meus pais pela costa brasileira. Isso me fez imaginar e sonhar como seria trabalhar em um navio, podendo viajar pelo mundo todo – e ainda ganhar dinheiro por isso. No último ano de faculdade, após voltar de Buenos Aires, já em Ribeirão Preto, uma grande amiga, Amanda Gois, me mostrou o anúncio de recrutamento para trabalhar em um navio.

Os pré-requisitos eram altos, e eu, na época com 21 anos, já os cumpria. Passei por um extenso processo seletivo, treinamentos de combate a incêndio, primeiros socorros, sobrevivência no mar e muitos outras etapas até que, finalmente, em outubro de 2002, embarquei em Savona, na Itália, para trabalhar no navio. Trabalhei como camareira, e minha principal responsabilidade era limpar e organizar as cabines dos passageiros, garantindo que tudo estivesse em ordem para proporcionar uma experiência confortável e agradável.

Desde o início, percebi que a vida a bordo era muito diferente do que eu imaginava, especialmente devido às diversas culturas com as quais lidei diariamente. Um exemplo concreto de como esses choques culturais impactam o dia a dia a bordo aconteceu logo em meu primeiro mês de trabalho.

Em um dia comum do cruzeiro, fui designada para cuidar das cabines de uma família de passageiros árabes. Como de costume, eu bati na porta, aguardei alguns segundos e entrei, acreditando que os hóspedes estavam fora, em uma excursão. Ao entrar na cabine, eu me deparei com um dos homens da família no quarto. Instintivamente, olhei para ele e, por reflexo, disse "bom dia", enquanto continuava meus afazeres.

Para meu espanto, o homem imediatamente desviou o olhar e ficou visivelmente desconfortável. Ele saiu do quarto sem dizer nada, mas eu senti que algo estava errado. Naquele momento, eu não tinha certeza do que havia acontecido.

Mais tarde, meu supervisor me chamou para conversar. A família havia apresentado uma queixa, dizendo que o meu comportamento foi considerado inapropriado, sobretudo o fato de eu ter olhado diretamente nos olhos do homem. Eu fiquei surpresa, mas meu supervisor explicou que, em algumas culturas do Oriente Médio, é inadequado uma mulher desconhecida manter contato visual com um homem, especialmente em ambientes privados.

Eu fiquei abalada no início, mas, ao mesmo tempo, percebi quanto era importante aprender sobre os costumes culturais das diferentes nacionalidades a bordo. Comecei então a estudar e conversar com meus colegas de trabalho, que também vinham de diversos países – mais de setenta, para dar números aproximados, como Filipinas, Índia, Indonésia, Itália, Ucrânia, Romênia, Polônia e muitos outros. **Comecei a entender melhor os códigos de conduta e as expectativas sociais dos variados povos. Essa experiência, assim como muitas outras, me moldaram. Foi como uma escola para mim.**

> "COMECEI A ENTENDER MELHOR OS CÓDIGOS DE CONDUTA E AS EXPECTATIVAS SOCIAIS DOS VARIADOS POVOS. ESSA EXPERIÊNCIA, ASSIM COMO MUITAS OUTRAS, ME MOLDARAM. FOI COMO UMA ESCOLA PARA MIM."

Em pouco tempo, percebi que:

- **Passageiros japoneses** tendiam a ser extremamente reservados e esperavam que o serviço fosse discreto e quase invisível, sem muita interação direta.
- **Passageiros americanos** frequentemente se engajavam em pequenas conversas, esperando um serviço mais interativo e amigável.
- **Passageiros europeus**, especialmente franceses e alemães, esperavam um alto nível de profissionalismo e eficiência, e poderiam ser mais diretos em suas reclamações se algo não estivesse de acordo com a expectativa.

Durante três meses embarcada, desenvolvi a habilidade de adaptar meu comportamento aos perfis culturais dos passageiros. **Tornei-me mais observadora e sensível às pistas não verbais, como a linguagem corporal e o tom de voz, ajustando minha comunicação e minhas interações conforme o contexto.**

Por exemplo, ao cuidar das cabines de passageiros de culturas mais conservadoras, como árabes ou indianos, eu tinha o cuidado extra de bater na porta repetidamente, anunciando minha entrada de forma atenta, e evitava qualquer contato visual direto com os homens. Já com passageiros ocidentais, adotava uma abordagem mais descontraída, interagindo de maneira amigável e próxima – sempre respeitando os limites do profissionalismo, claro.

Minha experiência trabalhando em navios de cruzeiros exemplifica os desafios de atuar em um ambiente multicultural, onde as diferenças culturais permeiam todos os aspectos do cotidiano. Cresci e amadureci muito em um curto período, conhecendo lugares que jamais teria explorado sozinha. O aprendizado foi constante, desafiador e ao mesmo tempo, gratificante. **Interagir com tantas nacionalidades me proporcionou não apenas a oportunidade de ver o mundo, como de crescer profissional e pessoalmente. Desenvolvi uma sensibilidade que me permitiu entender e respeitar as expectativas e valores interculturais, mesmo carregando, já na época, uma boa bagagem.**

Hoje, ao olhar para trás e refletir sobre minhas aventuras mundo afora, percebo que me tornei um pouco "camaleoa", com uma empatia que me capacita a me adaptar rapidamente a qualquer situação, pessoa ou desafio que apareça. Essa habilidade me transformou em uma empresária capaz de navegar com sucesso pelas complexidades de um ambiente verdadeiramente global.

CABO VERDE

UMA PARADA BREVE, MAS MARCANTE

Cabo Verde... Só o nome já evoca imagens de praias deslumbrantes, um céu azul sem fim e uma energia que é difícil descrever. Sempre que o navio atracava por algumas horas, eu aproveitava cada segundo para explorar o local e absorver a essência do povo.

Em uma dessas paradas, desci para caminhar pelas ruas de Mindelo, na Ilha de São Vicente, famosa pela sua vibração cultural e pela música, imortalizada na voz de Cesária Évora. A cidade parecia ter parado no tempo, com suas casas coloridas, ruas de paralelepípedos e um ritmo que nos convida a desacelerar.

Sentei em um café local e pedi um *cachupa,* o prato típico do país, uma mistura deliciosa de milho, feijão, carne e especiarias. Observando o movimento, percebi que em Cabo Verde tudo acontece sem pressa, como se o tempo tivesse um significado diferente – e, para uma brasileira acostumada a correr de um compromisso para outro, foi um choque fascinante.

Mas não foi só o ritmo tranquilo que me chamou a atenção. Durante outra visita, fui ao mercado local e fiquei impressionada com quanto o povo de Cabo Verde é acolhedor. **Apesar de serem uma nação pequena e com recursos limitados, o sorriso e a generosidade das pessoas são abundantes.** Uma vendedora local, ao perceber meu sotaque – sim, lá se fala português –, começou a me contar histórias sobre a relação histórica entre Brasil e Cabo Verde. Foi uma conversa leve e cheia de significado. Saí de lá com um pano colorido, comprado dela, e um pedaço da cultura cabo-verdiana no coração.

Os aspectos culturais do local são intrigantes. Por exemplo, o crioulismo – cultura que mistura influências africanas, portuguesas e brasileiras – é o fio que conecta o arquipélago. É visível nas músicas, nos gestos e até mesmo no jeito de negociar. Os cabo-verdianos têm uma abordagem relacional: antes de falar de negócios, eles querem saber de você, criar um vínculo, ouvir sua história. Essa descontração é natural para nós, brasileiros, mas em Cabo Verde ela vai além, tornando-se quase uma regra. Negociar sem criar essa conexão pode parecer rude ou impessoal da sua parte.

Além disso tudo, o senso de comunidade é tão forte que me peguei pensando como isso contrasta com a nossa individualidade brasileira. Em Cabo Verde, tudo é sobre "nós", muito menos sobre "eu". Esse espírito comunitário afeta a forma como os negócios são feitos: confiança e reciprocidade são pilares fundamentais de qualquer relação profissional.

Negociar em Cabo Verde exige paciência, empatia e uma disposição para criar relacionamentos genuínos. A confiança é construída aos poucos, então não espere fechar negócios logo na primeira conversa. Invista tempo para entender a cultura local, conhecer as pessoas e, claro, aprender algumas palavras de crioulo cabo-verdiano – um simples *bon dia* já mostra esforço de sua parte.

Outra dica é adaptar-se ao ritmo local. Não tente impor prazos apertados ou demonstrar pressa, pois isso pode ser visto como desrespeito. Seja flexível e mostre interesse em colaborar de forma que beneficie ambas as partes.

Por fim, seja transparente e demonstre comprometimento. Os cabo-verdianos valorizam parcerias de longo prazo e esperam que você cumpra o que promete. Se conseguir respeitar o ritmo e os valores deles, terá sucesso nos negócios e mais: ganhará parceiros e amigos para a vida toda. Afinal, em Cabo Verde, tudo começa com uma boa conversa – e uma dose generosa de calor humano.

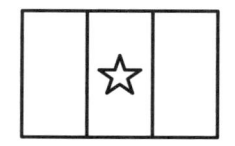

SENEGAL

RITMOS, SABORES E HISTÓRIAS PARA CONTAR

O Senegal é um país que pulsa em cada esquina e em cada sorriso. Foi uma das paradas mais marcantes que tive enquanto trabalhava no cruzeiro. Mesmo que o tempo em terra tenha sido limitado, eu visitei o país quinze vezes, e cada visita me proporcionou uma conexão única com esse lugar tão cheio de vida. Dakar, a capital, foi o ponto de partida para minha jornada, e logo de cara fiquei encantada com a mistura de tradição e modernidade.

Em uma das vezes que desci do navio, resolvi visitar o Monumento da Renascença Africana, uma gigantesca estátua de bronze que domina o horizonte de Dakar. Confesso que subi os muitos degraus reclamando do calor, mas, quando cheguei ao topo, fui recompensada com uma vista deslumbrante da cidade e do Atlântico. A grandiosidade do monumento me deixou reflexiva sobre o orgulho senegalês e o esforço constante do país em contar a própria história, celebrando a identidade africana com intensidade.

Foi ali, olhando para o horizonte, que um guia local se aproximou e começou a compartilhar comigo a simbologia por trás do monumento. Ele explicou como a estátua representa a força e a resiliência do povo africano – e eu absorvi cada palavra como uma esponja.

Outro momento inesquecível aconteceu em uma vila de pescadores em Saint-Louis, uma cidade com arquitetura colonial charmosa e que carrega as marcas do passado francês. Caminhei pelas praias repletas de pirogas coloridas (os barcos tradicionais) e assisti aos pescadores descarregando peixe fresco com uma habilidade impressionante. Um deles, vendo minha curiosidade, me convidou para experimentar o *thieboudienne*, o prato nacional feito com peixe, arroz e legumes. Foi um convite genuíno, e eu me senti acolhida como se fosse parte da comunidade. Agradeci, recusando educadamente a oferta, e me sentei em um círculo com as pessoas da vila. Foi um verdadeiro mergulho na alma do Senegal.

O que me chamou atenção no local foi a presença da música em tudo. O *mbalax*, gênero musical típico do país, é quase onipresente, seja nos bares, nas ruas ou em festas. A música não é apenas entretenimento; é uma forma de expressão, de contar histórias. Parecia quase impossível ficar parada ao ouvir os tambores e os ritmos contagiantes. Foi em uma dessas ocasiões que arrisquei alguns passos de dança e fui ensinada por crianças locais, que riram das minhas tentativas desajeitadas, mas, ainda assim, me aplaudiram.

Um aspecto cultural que me surpreendeu bastante foi o conceito de tempo comunitário, algo muito diferente da nossa percepção ocidental. **No Senegal, o relógio parece importar menos do que o momento.** Por exemplo, em um encontro que tive com um artesão, esperei por quase quinze minutos porque ele estava ajudando um amigo com um problema na rua. Quando finalmente chegou, o homem me explicou com tranquilidade que, por ali, ajudar alguém da comunidade sempre vem antes de qualquer compromisso. Para mim, acostumada a horários rígidos e compromissos cronometrados, foi um lembrete valioso de que **as pessoas são a prioridade, e não o tempo.**

Negociar no Senegal é uma experiência que exige uma boa dose de paciência e flexibilidade, mas também oferece recompensas incríveis para quem entende a cultura local. Ao contrário de alguns países, onde a pontualidade e a pressa são cruciais, no Senegal o ritmo é mais fluido. Uma dica importante é não ser dominado pela impaciência. Mostrar respeito pelo tempo das pessoas e estar disposto a adaptar-se ao ritmo senegalês é essencial para ganhar a confiança do outro lado.

Além disso, a forte influência religiosa no país, especialmente do Islã, afeta diretamente as práticas profissionais. É importante evitar agendar reuniões durante os horários de oração e mostrar respeito por esses momentos. A integridade e a honestidade também são extremamente valorizadas, e qualquer sinal contrário pode prejudicar os seus negócios.

Uma característica fascinante é o apreço por histórias e narrativas. Os senegaleses adoram compartilhar experiências e conectar-se através de palavras. Então, se você for negociar, aproveite para contar um pouco da sua história e mostrar que valoriza a troca cultural. Isso pode abrir portas e, melhor ainda, transformar uma simples negociação em uma relação duradoura.

Com um pouco de sensibilidade e muita autenticidade, é possível construir parcerias sólidas e fazer negócios enquanto se encanta pela riqueza desse país extraordinário.

> **" NO SENEGAL, O RELÓGIO PARECE IMPORTAR MENOS DO QUE O MOMENTO."**

MAURITÂNIA

ENTRE AREIAS, CHÁS E DESCOBERTAS CULTURAIS

Quando o navio atracou na Mauritânia, senti como se estivesse entrando em um cenário digno de *As mil e uma noites*. O país, com seu vasto deserto do Saara e uma cultura profundamente influenciada pelo Islã, carrega significado em cada interação. Confesso que não sabia o que esperar, mas logo percebi que a Mauritânia é o tipo de lugar que surpreende – com sua simplicidade, hospitalidade e peculiaridades que mexem com qualquer brasileiro curioso.

Minha primeira parada foi em Nouakchott, a capital. Uma cidade que, à primeira vista, parece despretensiosa, com suas as de areia e mercados movimentados. Sempre sozinha, decidi visitar o famoso Porto de Pesca, onde dezenas de barcos coloridos chegam ao fim do dia carregados de peixes frescos. A cena era um verdadeiro caos organizado: pescadores descarregando suas mercadorias enquanto comerciantes negociavam freneticamente. Fui logo abordada por um deles, que, ao perceber que eu era estrangeira, tentou me vender um peixe gigante – e mesmo sem eu ter intenção de comprar o produto, acabamos rindo da situação. Ele me contou sobre a importância da pesca para o país e me ensinou algumas palavras em árabe, o que tornou o encontro ainda mais especial.

Mas foi no deserto que a Mauritânia realmente mostrou sua magia. Fiz um pequeno tour até as bordas do Saara, onde o céu e as dunas se encontram em uma visão hipnotizante. Sentada em um tapete ao lado de beduínos, experimentei o tradicional chá mauritano, uma bebida forte, servida em três rodadas, cada uma representando um estágio da vida – amargo como a morte, doce como a vida e suave

como o amor. Enquanto o chá era preparado, ouvi histórias da vida no deserto. Aquela experiência foi como um abraço cultural, me ensinou a desacelerar no tempo e a valorizar o momento.

Claro, algumas diferenças foram um choque. Por exemplo, o conceito de tempo na Mauritânia é muito mais flexível do que qualquer coisa que já vi no Brasil. Esteja preparado para o ritmo mais lento das negociações. Os mauritanos não têm pressa, mas, com paciência e autenticidade, é possível não apenas firmar parcerias, mas também criar laços que vão muito além dos negócios.

Ainda no contexto das negociações internacionais, as reuniões no país nem sempre começam no horário previsto, e qualquer tentativa de apressar as coisas pode ser interpretada como falta de respeito. Outro aspecto curioso foi a separação entre gêneros em muitos espaços públicos, algo que reflete a forte influência islâmica. Em uma das paradas, ao entrar em um pequeno restaurante local, percebi que os homens estavam de um lado, e as mulheres, de outro. Para mim, foi uma surpresa no início, mas algo que me ajudou a entender mais sobre a cultura e os costumes locais.

Negociar na Mauritânia requer paciência, respeito e, acima de tudo, sensibilidade cultural. A religião tem um papel central na vida das pessoas, portanto respeite as práticas e feriados religiosos. O chá desempenha um papel simbólico nos encontros, e aceitar um convite para compartilhá-lo pode ser uma maneira de construir confiança e abrir portas para conversas mais profundas.

A confiança, aliás, é elemento-chave. Não espere fechar um negócio de imediato – eles valorizam relacionamentos construídos com calma e baseados na honestidade. Seja transparente em suas intenções e, se possível, aprenda algumas palavras em árabe ou no dialeto local, *hassaniya*. Isso demonstra respeito e pode fazer grande diferença na maneira como você é recebido.

A Mauritânia, com sua simplicidade desértica e riqueza cultural, me ensinou que, às vezes, menos é mais. Fazer negócios ali é tão desafiador quanto fascinante, mas, para quem está disposto a se adaptar, é uma porta de entrada para uma conexão genuína com um povo resiliente e caloroso – e sempre com uma xícara de chá como ponto de partida.

ANGOLA

UMA TERRA DE CONTRASTES E CONEXÕES PROFUNDAS

Minha passagem por Angola foi uma experiência intensa e inesquecível. Enquanto o navio atracava em Luanda, a capital do país, já podia sentir a energia vibrante do lugar. Era impossível não notar os contrastes: de um lado, edifícios modernos e reluzentes; do outro, bairros mais humildes que contavam histórias de um país que está em constante reconstrução, após décadas de guerra civil. A Angola é assim: cheia de vida, cultura e resiliência.

Logo na minha primeira saída do navio, decidi visitar o famoso Mercado do Roque Santeiro, conhecido como o maior mercado ao ar livre da África (hoje substituído por outros mercados). Foi um choque cultural imediato. O lugar era uma explosão de sons, cheiros e pessoas vendendo de tudo: frutas tropicais, tecidos estampados, artesanato e até peças de automóveis. Tentei tirar uma foto de uma banca colorida, mas fui gentilmente alertada por um vendedor de que, em muitos lugares, fotografar sem permissão é considerado falta de respeito – vale lembrar que na época os celulares ainda não tinham a função de foto e vídeo. Foi uma lição rápida sobre como algo tão simples pode ser visto de maneira completamente diferente em outra cultura.

Em certa ocasião, tive a oportunidade de ser recebida na casa de uma família local, que fez questão de me acolher com a maior das hospitalidades. O que me surpreendeu foi a prática de servir primeiro os convidados para, só depois, os anfitriões começarem a comer – um gesto de respeito e cuidado. A refeição foi acompanhada de muita conversa, risadas e uma infinidade de histórias sobre Angola. Ali, percebi quanto os angolanos são comunicativos e calorosos, sempre prontos para compartilhar suas experiências e nos fazer sentir parte de algo maior.

Uma das diferenças culturais que mais me chamou a atenção foi a importância das relações hierárquicas. Em Angola, o respeito pelos mais velhos e pelas figuras de autoridade é profundamente enraizado. Lembro-me de uma conversa com um taxista que, ao mencionar o chefe de sua comunidade, usava termos que demonstravam um respeito quase reverencial. Isso também se reflete no ambiente de negócios, no qual a deferência a figuras de liderança é essencial para construir confiança.

Também me surpreendeu quanto a música está presente em todos os aspectos da vida. Fui apresentada ao *kuduro*, um estilo musical angolano cheio de energia e ritmo. Era impossível não se contagiar com a vibração e a alegria das pessoas dançando. A música, como aprendi, não é apenas entretenimento, mas uma forma de expressão que carrega histórias, resiliência e até mesmo protestos sociais. **Em Angola, dançar é quase uma linguagem universal.**

Negociar em Angola é uma experiência única e desafiadora, que exige sensibilidade cultural e muita paciência. Uma das primeiras lições que aprendi é que as relações pessoais são a base de tudo. Antes de falar de negócios, os angolanos querem te conhecer, saber de onde você vem, o que pensa e, acima de tudo, se podem confiar em você. Investir tempo para criar essas conexões é essencial. Eu sei que eu já falei desse aspecto em distintas localidades mundo afora, mas aqui, multiplique a intensidade.

Outra particularidade é a importância de ser formal. Diferentemente de outras culturas africanas, em Angola a etiqueta profissional é altamente valorizada. Usar títulos formais, vestir-se de maneira apropriada e demonstrar respeito pelas hierarquias são pontos que podem fazer toda a diferença.

Além disso, é importante estar preparado para lidar com os desafios logísticos e burocráticos do país. Angola ainda está em fase de reconstrução, e problemas como infraestrutura limitada e processos administrativos lentos podem surgir como obstáculos. Por outro lado, quem consegue se adaptar a esses desafios encontra um mercado cheio de oportunidades, especialmente em setores como petróleo, construção civil e agricultura.

Para os brasileiros, negociar em Angola pode ser facilitado pela língua em comum, o português. Aproveite essa vantagem para criar uma conexão inicial, mas tenha cuidado com regionalismos e expressões que podem não ser bem compreendidas. Demonstrar respeito pelas tradições locais, sobretudo pelas figuras de autoridade, é fundamental para ganhar a confiança dos parceiros angolanos.

Por fim, tenha paciência e flexibilidade. Não espere que as coisas aconteçam no ritmo brasileiro – adapte-se ao ritmo angolano e aproveite o processo para construir relacionamentos genuínos. Com empatia, respeito e um pouco de *kuduro* para descontrair, é possível fazer negócios e criar laços duradouros, em uma terra cheia de energia e potencial.

> **"** EM ANGOLA,
> DANÇAR É QUASE
> UMA LINGUAGEM
> UNIVERSAL."

NAMÍBIA

UM ENCONTRO COM A NATUREZA E O SILÊNCIO DO DESERTO

A Namíbia é um daqueles lugares que nos deixam sem palavras. Desde o momento em que o navio atracou em Walvis Bay, com seus flamingos rosados decorando as águas rasas da lagoa, até a vastidão hipnotizante do deserto do Namibe, tudo no país parece grandioso e, ao mesmo tempo, misteriosamente sereno. Passar algumas horas ali era um presente raro, e eu estava determinada a explorar tudo o que fosse possível – da cultura às paisagens, que pareciam cenas de outro planeta.

Uma das experiências mais impressionantes foi visitar as Dunas de Sossusvlei, no coração do deserto. Tentei subir a Duna 45, uma das mais altas do mundo, e foi um verdadeiro desafio físico (não subestime a areia quente e a altitude!). Eu não consegui subir, mas a vista fez cada passo valer a pena. **A imensidão alaranjada do deserto e o silêncio absoluto que só um lugar assim pode oferecer foram transformadores. Para uma brasileira acostumada ao barulho constante das cidades e praias lotadas, aquele silêncio parecia surreal.**

Outro momento inesquecível foi em Etosha, uma das maiores reservas de vida selvagem da África. Lá, enquanto observava girafas, zebras e elefantes bebendo água em uma poça, aprendi com um guia local sobre a importância do respeito pela natureza na cultura namibiana. Os habitantes, especialmente as comunidades tradicionais, como os *himbas*, têm uma relação quase sagrada com o ambiente ao redor. Fui apresentada às tradições dos *himbas*, que vivem em uma conexão profunda com a terra. Por exemplo, fiquei fascinada ao descobrir que as mulheres da comunidade usam uma mistura de ocre e manteiga para proteger a pele do sol escaldante – um costume milenar prático e significativo.

Um aspecto cultural que me surpreendeu foi o jeito direto e pragmático dos namibianos. Diferentemente de outras culturas africanas, que valorizam longas introduções ou conversas antes de entrar no tema principal, os namibianos tendem a ser objetivos e focados. Durante uma breve conversa com um pequeno empresário local, percebi que ele ia direto ao ponto, sem rodeios, algo que pode ser desconcertante para nós, brasileiros, que adoramos o *small talk*. Porém, esse pragmatismo também transmite transparência e eficiência – qualidades que todos valorizamos em negócios.

Negociar na Namíbia é uma combinação interessante de objetividade e respeito pelas tradições. Os namibianos apreciam honestidade e clareza nas negociações. Eles querem saber exatamente o que você tem a oferecer e o que espera em troca. Evite floreios ou promessas vagas; seja direto e demonstre que é confiável.

Outro ponto importante é a diversidade cultural do país. A Namíbia abriga várias etnias, como os *himbas*, os *damaras* e os *hereros,* cada uma com as próprias tradições e costumes. É essencial fazer sua lição de casa e entender com quem está lidando. Em algumas comunidades, por exemplo, é costume oferecer presentes como forma de mostrar respeito e consideração. No entanto, **escolha algo significativo e evite objetos muito caros, que podem ser interpretados como uma tentativa de ostentação.**

Para ter sucesso em negociações na Namíbia, lembre-se de respeitar o ritmo e o estilo local. Mostre profissionalismo, mas também esteja aberto a aprender sobre as práticas específicas de cada região ou grupo. Evite demonstrar pressa ou impaciência. Embora sejam pragmáticos, os namibianos também valorizam o tempo necessário para que as decisões sejam bem fundamentadas.

Por fim, adapte-se ao pragmatismo deles, mas traga seu toque brasileiro de calor humano, de modo discreto. Um sorriso amigável e um elogio genuíno sobre a beleza do país podem ser suficientes para criar uma conexão positiva. E, claro, nunca recuse um convite para explorar mais da cultura local – afinal, na Namíbia, cada experiência é uma oportunidade de aprendizado.

"A IMENSIDÃO ALARANJADA DO DESERTO E O SILÊNCIO ABSOLUTO QUE SÓ UM LUGAR ASSIM PODE OFERECER FORAM TRANSFORMADORES. PARA UMA BRASILEIRA ACOSTUMADA AO BARULHO CONSTANTE DAS CIDADES E PRAIAS LOTADAS, AQUELE SILÊNCIO PARECIA SURREAL."

CAPÍTULO 3: EUROPA OCIDENTAL

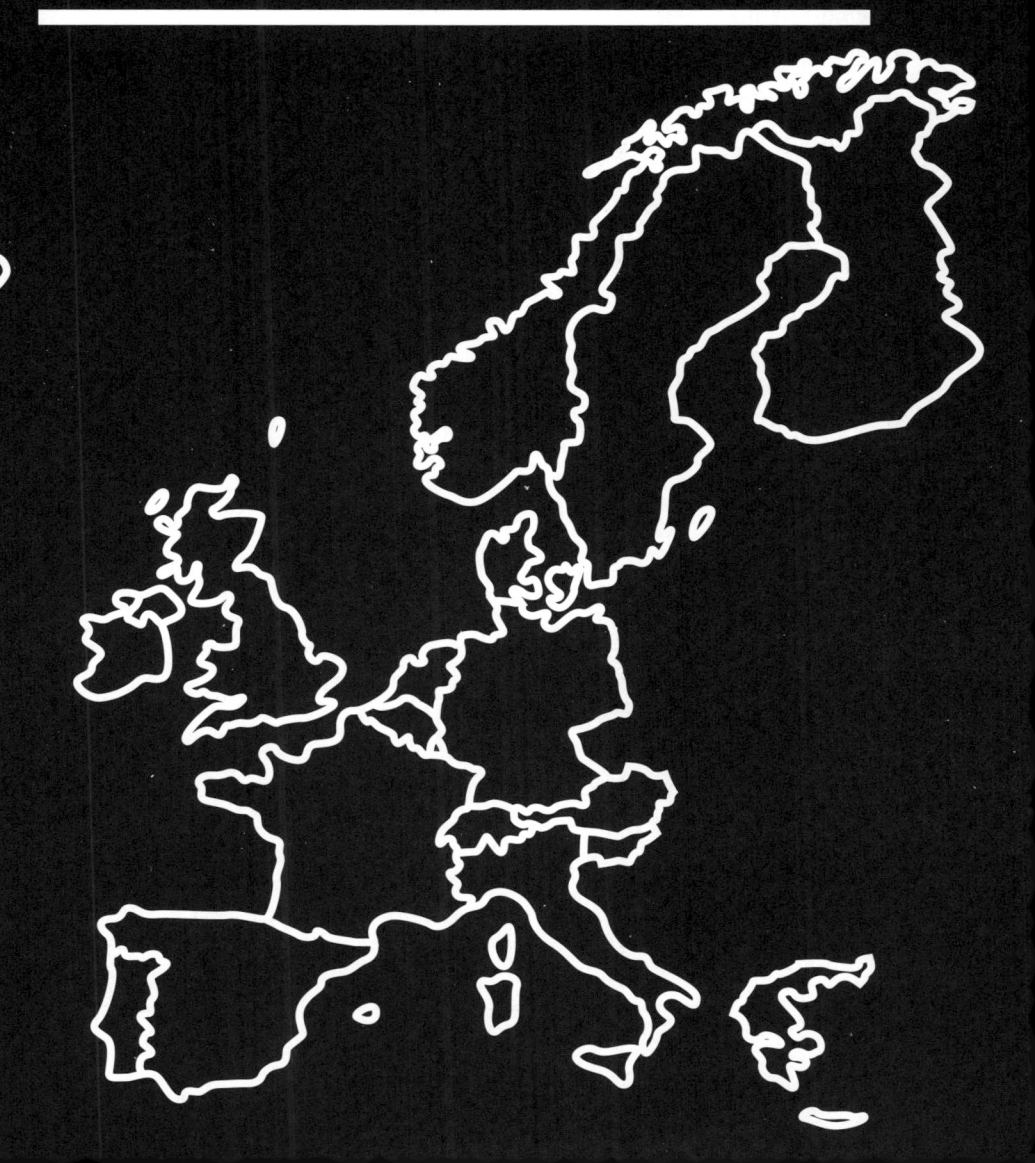

Vou me estender um pouquinho mais ao falar da Europa Ocidental, pois é onde moro, aprendo e me reinvento há mais de quinze anos. Morar aqui não é apenas estar cercada de cenários de cartões-postais e chocolates suíços, apesar de eu adorar ambos; é como ser protagonista de uma peça na qual cada país tem o próprio roteiro, regras de etiqueta e momentos que te fazem pensar: *Por que ninguém me avisou disso antes?*

Como brasileira, mãe de um pequeno cidadão com quatro nacionalidades, casada com um alemão e habitante da Suíça, posso garantir que meus dias são recheados de gafes culturais e muitas lições.

Quando vim para cá, pensei: *Com minha bagagem cultural e com experiências por todo o mundo, tenho tudo para* **não** *cometer gafes.* Doce engano. A realidade, claro, é bem diferente! Não importa quantos passaportes sua família tenha ou quão internacional você se considere – a Europa Ocidental sempre encontra uma forma de surpreender. E, acredite, ela me surpreende MUITO. Da Suíça à Espanha, passando por França, Itália, Alemanha e além, cada país me ensinou uma lição única. Às vezes, com charme. Outras, com micos inesquecíveis.

Aqui na Suíça, onde moro atualmente, aprendi que o silêncio fala mais alto do que as palavras e que pontualidade não é apenas sinal de educação; é sagrada. Na Alemanha, descobri que discutir contratos com exatidão germânica é tão importante quanto dividir a conta no centavo após um jantar de negócios – leia-se centavo por centavo, literalmente. Na França, percebi que cortar queijo da maneira errada é quase um crime cultural. E na Itália? Bem, lá, o tempo tem outra definição, e o capuccino depois das 11h00 é uma heresia.

Mas não são apenas os costumes "óbvios" que me marcam. O que torna essa jornada tão rica são as nuances escondidas, aquelas pequenas diferenças que ninguém conta. Por exemplo, você sabia que, na Bélgica, chocolates podem ser usados como uma forma de quebrar o gelo em reuniões? Ou que, na Irlanda, é considerado de mau gosto e deselegante se exibir demais sobre suas conquistas? E que, em Portugal, negociar sem antes ouvir uma longa história sobre a tradição do vinho é praticamente impossível?

Nesses quinze anos, não foi só uma vida na Europa Ocidental; foi um mergulho de cabeça. Estudei, trabalhei, me casei, negociei, investi, abri empresas e tive um filho. É como se cada canto desse continente fosse uma aula viva, me mostrando que, mesmo quando você acha que já entendeu tudo, sempre tem uma nova curva no caminho.

Errei? Com certeza. Aprendi? Mais ainda. Mas o que realmente marcou foi me conectar profundamente com pessoas e culturas que fazem dessa parte do mundo a minha casa, o meu palco de aventuras e descobertas. E sabe o mais incrível? Cada dia aqui é um lembrete de que, quando a gente cria raízes, o mundo inteiro pode ser o nosso jardim.

Nas páginas que seguem, vou te levar para explorar tudo isso de perto. Vou compartilhar histórias engraçadas – e outras um pouco embaraçosas – que vivi aqui, com detalhes que vão além dos guias de viagem, manuais de etiqueta ou livros sobre internacionalização de negócios. Juntos, vamos rir, aprender e descobrir que, quando o assunto é diferenças culturais, a Europa Ocidental é uma verdadeira escola de vida.

O dr. Thomas Buergi, um grande amigo e coordenador do mestrado que eu fiz na FHNW, aqui na Suíça, é um verdadeiro fã do Brasil. Ele também é professor na Universidade de Edimburgo, onde ensina as matérias de Comportamento Organizacional e Desenvolvimento Organizacional Internacional. E, olha, quando o assunto é explicar as diferenças culturais entre brasileiros e europeus ocidentais, ele manda muito bem.

A metáfora? Brasileiros são como pêssegos, e europeus, como cocos. Parece engraçado? Espere só para ver como faz sentido.

O pêssego é um doce. É macio, suave ao toque e fácil de abrir. Mas cuidado: por mais fácil que pareça no início, no centro do pêssego há um caroço duro, resistente, que guarda tudo aquilo que não é compartilhado com qualquer um. Os brasileiros são assim: calorosos e acolhedores no primeiro contato, mas para realmente chegar ao "centro" e criar uma relação sólida, é preciso tempo e confiança.

Agora, o coco... ah, o coco. Ele é casca grossa, difícil de abrir, áspero e resistente. À primeira vista, parece que não quer conversa, que está ali só para dar trabalho. Mas, quando você finalmente consegue atravessar essa barreira inicial, o que encontra dentro é pura maciez, doçura e algo duradouro. Assim são muitos europeus ocidentais: podem parecer frios e distantes no começo, mas, uma vez que você quebra essa casca, tem ao seu lado um amigo (ou um parceiro de negócios) para toda a vida.

Concordo 100% com o professor Buergi quando ele diz que os brasileiros são mais abertos e fáceis de lidar no começo, mas para construir algo profundo e de longo prazo, é preciso paciência e confiança. Enquanto isso, os europeus desafiam logo de cara – afinal, ninguém abre um coco na primeira tentativa, sem um pouquinho de esforço, certo? Mas o trabalho vale a pena. Essa mesma dinâmica aparece no mundo dos negócios.

Brasileiros são rápidos em criar uma boa impressão inicial, mas as negociações mais complexas exigem aprofundamento e entendimento mútuo. Já os europeus podem parecer duros no início, mas, uma vez que a relação está estabelecida, o comprometimento é sólido. Portanto, vou te ajudar com algumas dicas de nuances comportamentais:

Na mesa: Se você acha que um almoço de negócios com um europeu vai ser todo elegante e impecável, prepare-se para a surpresa: se o seu convidado der aquela assoada de nariz à mesa, não se escandalize. Na Europa, isso é considerado muito mais educado do que aquele som típico de "puxar pra dentro" – para eles, isso sim é falta de educação e de higiene. A lição é simples: se você não quiser ser "o brasileiro que incomodou a refeição inteira com sons de trombone", leve um lenço – e, se for preciso, use-o sem medo de ser julgado.

No banheiro: Agora, a parte mais crítica. Se você vai receber um europeu em sua empresa no Brasil, lembre-se: eles estão acostumados a jogar absolutamente tudo no vaso sanitário – tudo mesmo. O sistema de encanamento europeu é basicamente uma máquina indestrutível, então, para eles, isso é natural. Mas e no Brasil? Meu caro, até papel higiênico pode causar um tsunami no encanamento.

Para evitar que aquele investidor de milhões passe pela vergonha de ver a água subindo (e com ela, o constrangimento), faça o favor de colocar um aviso claro no banheiro: "Por favor, jogue o papel no lixo". Simples, direto e com o poder de salvar o dia – e o encanamento. Ah, se possível, garanta que o lixo esteja limpo e bem arrumado. Não queremos que o cliente se lembre do Brasil pela "experiência banheiro", certo?

Entender essas pequenas nuances culturais pode ser a diferença entre fechar um contrato ou gastar sua tarde explicando ao encanador por que o vaso entupiu...

" NESSES QUINZE ANOS, NÃO FOI SÓ UMA VIDA NA EUROPA OCIDENTAL; FOI UM MERGULHO DE CABEÇA. ESTUDEI, TRABALHEI, ME CASEI, NEGOCIEI, INVESTI, ABRI EMPRESAS E TIVE UM FILHO. É COMO SE CADA CANTO DESSE CONTINENTE FOSSE UMA AULA VIVA, ME MOSTRANDO QUE, MESMO QUANDO VOCÊ ACHA QUE JÁ ENTENDEU TUDO, SEMPRE TEM UMA NOVA CURVA NO CAMINHO."

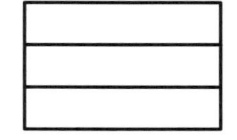

ALEMANHA

LEIA OS SINAIS OU ACABE CONVERSANDO SOZINHO

Casada com um alemão, eu já deveria estar preparada para os costumes germânicos, certo? Errado. Durante uma viagem a Berlim, entre uma reunião e outra, parei em uma padaria para comprar um pretzel e um café. Peguei meu cartão, pronta para pagar, e ouvi um sonoro: *Nur Bargeld* [dinheiro vivo]. *Cash*. Nada de cartão.

Eu, acostumada com a praticidade dos cartões na Suíça, fiquei atônita. "Nem débito?!" O atendente apenas balançou a cabeça com a típica paciência alemã. Voltei à reunião sem meu café, mas com uma lição importante na bagagem: na Alemanha, a eficiência é sagrada, mas muitas vezes vem acompanhada de tradições rígidas. Esteja sempre preparado com um pouco de dinheiro vivo – e com uma agenda bem estruturada.

Pensando em outra experiência que já vivi na Alemanha, foi quando eu achei que já tinha aprendido tudo sobre a obsessão germânica pela pontualidade, mas a realidade superou minhas expectativas. Durante uma apresentação em Hamburgo, cheguei exatamente no horário marcado. Enquanto me acomodava, meu anfitrião olhou para o relógio e comentou: "Você sabe que chegar na hora é considerado atraso aqui, né?" O quê? Sim, isto mesmo: na Alemanha, ser pontual significa chegar dez minutos antes (em outras culturas, jamais faça isso). Nos negócios alemães, a eficiência é a alma de tudo. Seja pontual, direto e traga uma apresentação impecável – e, se possível, ensaiada e cronometrada.

Se você acha que pode conquistar um público alemão com um sorriso largo, piadinhas casuais e uma overdose de gesticulação, amigo, preciso alertar: está a um passo de se tornar o protagonista de um espetáculo cômico... só que eles não vão aplaudir no final. Um alemão nervoso ou incomodado, por exemplo, não vai rodar os olhos, suspirar ou bater o pé como nós, brasileiros. Não, ele vai simplesmente... ficar parado e quieto. **Imóvel como uma estátua. É tão sutil que, se você não souber interpretar, vai continuar falando, achando que está arrasando – enquanto eles estão te julgando em silêncio.**

Já nós, brasileiros, somos a definição do "quanto mais nervoso, mais sorridente". Damos risada, mexemos os braços como se estivéssemos num programa de auditório e tentamos, desesperadamente, "quebrar o gelo". O problema? Em algumas culturas, isso quebra a credibilidade junto. Se você já achou que a melhor forma de abrir uma palestra na Alemanha fosse trazendo algum exemplo engraçado e que se conecte com a plateia... já adianto que não funciona.

Por outro lado, se você souber dosar, tem grande chance de obter uma vantagem estratégica negociando com um alemão. Me explico: nós, quando estamos nervosos, sorrimos mais; eles, por outro lado, ficam sérios e só sorriem quando se sentem muito confiantes. Captou? Então vamos usar nossos sorrisos para parecer mais confiantes do que nervosos.

E aqui entra a parte ninja das negociações internacionais: ler os sinais não verbais e adaptar sua comunicação. Isso é quase como aprender a decifrar uma língua secreta, com a diferença de que, se você errar, a plateia vai continuar te encarando, implacável. (Ou, no caso da Alemanha, tomando notas sobre todos os seus erros para dar um feedback detalhado depois – na cara, claro.)

Quando falamos de hierarquia na Alemanha, esqueça as "zonas cinzentas". Lá, tudo é preto no branco. O chefe é chefe. O subordinado é subordinado. E, ao contrário do que você possa imaginar, eles não estão interessados em reuniões intermináveis ou *brainstormings* caóticos. **Decisões são tomadas com base em dados, mérito e competência, e não no carisma de quem fala mais alto, na criatividade de improvisar soluções no PowerPoint ou em promessas vazias.**

Ah, e tem mais: não espere aquele "debate saudável" entre a equipe. Subordinados na Alemanha respeitam (ou melhor, aceitam) as decisões dos líderes sem questionamentos. Não porque são submissos, mas porque sabem que "cada um no seu quadrado" é a fórmula de eficiência que funciona por lá.

> **"DECISÕES SÃO TOMADAS COM BASE EM DADOS, MÉRITO E COMPETÊNCIA, E NÃO NO CARISMA DE QUEM FALA MAIS ALTO, NA CRIATIVIDADE DE IMPROVISAR SOLUÇÕES NO POWERPOINT OU EM PROMESSAS VAZIAS."**

Parece ruim? Mas vou contar um segredo: isso é libertador! Afinal, quem nunca teve que aguentar aquele colega que acha que todo mundo precisa "contribuir" na reunião, só para falar um monte de obviedades e abobrinhas? Na Alemanha, eles simplesmente poupam seu tempo.

Embora o país tenha essa *vibe* de formalidade, os protocolos hierárquicos por lá são menos rígidos do que em algumas culturas asiáticas. O que isso significa? Que, se você mostrar competência, pode até ganhar espaço para inovar. Mas, antes disso, prepare-se para mostrar – muitos – resultados.

Se você adora improvisar ou se basear em "sensações", no *feeling*, bem, boa sorte. Na Alemanha, números, gráficos e resultados concretos são a moeda de troca. Promoções? Baseadas em mérito, não em quem leva o chefe para almoçar ou conta as melhores piadas na mesa de bar.

Adaptar-se a diferentes culturas é como ser um super-herói da comunicação: você precisa se transformar no que o momento pede. No caso da Alemanha, significa moderar o entusiasmo brasileiro, focar na mensagem clara e respeitar o silêncio como se fosse uma pausa dramática de um filme. Se você conseguir fazer isso, parabéns! Pode até ser que eles te aplaudam, mas não espere palmas entusiasmadas – isso é coisa de brasileiro.

Agora é onde a coisa complica, pois os protocolos hierárquicos variam muito dependendo das culturas regionais. Mesmo as mais próximas, como Suíça e Alemanha, podem mudar consideravelmente. Quer minha dica? Estude a cultura local antes de tentar fechar aquele negócio internacional ou, melhor ainda, antes de receber um cliente estrangeiro no Brasil. Porque, meu amigo, sensibilidade cultural aqui não é opcional – é sobrevivência. Um deslize e *puf*, a parceria pode virar fumaça.

No Brasil, os protocolos hierárquicos tendem a ser mais verticais, especialmente em comparação com culturas mais igualitárias. Nós, brasileiros, temos uma forte cultura de respeito à autoridade, na qual é esperado que os subordinados sigam as instruções e respeitem as decisões de seus superiores hierárquicos. Aqui há uma clara distinção entre líderes e subordinados, e as decisões importantes geralmente são tomadas nos níveis mais altos da hierarquia.

Vou dar um exemplo, muito embora o Brasil seja conhecido por sua informalidade (lembra-se do pêssego?) em algumas situações sociais, nas interações comerciais e profissionais há certa formalidade e respeito às hierarquias. É comum usarmos títulos formais ao nos dirigirmos a superiores ou clientes, por exemplo.

Moral da história? Imagine uma pessoa vindo do exterior. Mesmo sabendo que somos tão abertos e empáticos, ela terá muita dificuldade de entender a nossa dinâmica nas relações de trabalho e nas tomadas de decisões. Em um refeitório de uma empresa brasileira há separação física de ambientes entre líderes e subordinados, na Alemanha e na Suíça isso não acontece, todos dividem os mesmos ambientes.

Se você quer navegar nas águas do "chefismo" europeu ou lidar com as nuances de hierarquia pelo mundo, trate de aprender as regras do jogo. Porque, entre pêssegos e cocos, cada cultura tem as próprias sementes – e você não vai querer se engasgar com elas.

"E AQUI ENTRA A PARTE NINJA DAS NEGOCIAÇÕES INTERNACIONAIS: LER OS SINAIS NÃO VERBAIS E ADAPTAR SUA COMUNICAÇÃO. ISSO É QUASE COMO APRENDER A DECIFRAR UMA LÍNGUA SECRETA."

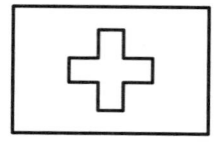

SUÍÇA

O SILÊNCIO QUE GRITA

Na Suíça, tudo é muito horizontal. Todos opinam, todos questionam. Caso você venha negociar na Suíça ou abrir uma filial país, não intérprete essa dinâmica como desrespeitosa ou de pouco caso. O respeito aqui é percebido justamente nessa interação. Venha preparado para uma abordagem completamente interativa, comunicação direta, respeito mútuo por todas as opiniões, bem como muita flexibilidade e autonomia de subordinados.

Vou voltar no exemplo do refeitório na empresa: na Suíça, todos se sentam juntos, líderes e subordinados. E não se surpreenda caso alguém que você nunca viu ou falou na vida venha se sentar em silêncio ao seu lado, seja em uma mesa de refeitório, seja em um restaurante.

Na Suíça, o silêncio é quase uma instituição nacional. Para uma brasileira como eu, acostumada com o barulho das conversas animadas, festas e até do trânsito, adaptar-me à "tranquilidade extrema" foi um desafio. Um dia, recebi uma visita inesperada da vizinha porque meu filho – de apenas 3 anos na época – estava correndo pelo apartamento. Era sábado à tarde!

Com o maior jeitinho suíço (educado e indireto), ela me explicou que o barulho de passos no apartamento podia incomodar "os vizinhos", e que, talvez, brincar no parque fosse uma alternativa. Fiquei tão sem graça que passei a ensinar meu filho a andar "na ponta dos pés" dentro de casa!

Morar em terras suíças é viver no país da ordem e das regras, mas algumas situações ainda me pegam desprevenida. Por exemplo, em um jantar de negócios em Zurique, tudo parecia correr bem. O anfitrião era educado, pontual e formal, como esperado. Tudo certo até que a sobremesa chegou: uma deliciosa fondue de chocolate com frutas frescas.

> **"O VALOR NÃO ESTÁ NO QUE VOCÊ TEM, MAS EM COMO VOCÊ VIVE."**

Na minha empolgação, peguei o garfo e mergulhei a fruta no chocolate, girando e – quem diria – *lambendo* o garfo antes de repetir o processo. Assim que levantei os olhos, percebi o erro. Silêncio absoluto. Ninguém falava nada, mas o desconforto era evidente. Foi só depois que alguém comentou: "Aqui, não compartilhamos a fondue dessa forma. Todos respeitam a higiene". Quase me afundei na panela de chocolate de tanta vergonha.

Na Suíça, menos é mais – e, sinceramente, às vezes menos é tudo. Aqui, não importa se você tem milhões no banco, se é CEO de uma multinacional, andar de transporte público é tão comum quanto respirar. E não é só pelo sistema de transporte impecável (que é, vamos combinar, uma aula de eficiência); é porque, aqui, exibir riqueza é visto como a coisa mais brega do universo. Ostentar? Só se for o novo modelo de mochila funcional que combina com seus tênis de caminhada.

Vou ilustrar esse costume com uma cena que vivi. Estava no trem, indo para Zurique, sentada ao lado de um senhor que usava uma jaqueta simples, jeans meio surrado e um par de tênis básicos. A conversa começou quando ele pegou um livro que eu já tinha lido. Depois de um papo amigável, ele desceu na estação e se despediu com um sorriso. Outro passageiro virou-se para mim e disse: "Eu não estou acreditando no que aconteceu. Que legal estar com ele aqui, ele é o dono daquela gigante de tecnologia. O Multimilionário X".

O QUÊ?! Multimilionário andando de trem como se fosse nada? Mas é isso. **Aqui na Suíça, simplicidade é um estilo de vida. Ninguém está impressionado com sua bolsa de grife ou seu relógio extravagante. Aliás, usar algo muito chamativo pode até fazer você parecer deslocado.**

O mais engraçado é que, para quem vem de um país como o Brasil, onde ter um carro de luxo ou ostentar um estilo de vida faz parte de certo "status", essa diferença cultural dá um nó na cabeça. Mas, depois que você entende, começa a ver o charme por trás disso tudo. **O valor não está no que você tem, mas em como você vive.**

Moral da história? Na Suíça, ostentar só vai te deixar com cara de turista ou, pior, de alguém que não entendeu nada sobre o que é "ser discreto". Então, da próxima vez que pegar um trem por aqui, observe bem as pessoas ao seu redor. Aquele cara com mochila e tênis pode muito bem ser um dos homens mais ricos do mundo – e ele provavelmente não está nem aí para o que você pensa.

Lição para negócios? Na Suíça, a pontualidade é uma virtude, uma regra inquebrável. E silêncio não é ausência; é respeito. Mantenha sempre um tom mais baixo, evite interromper, e valorize a pausa – o silêncio suíço pode dizer muito mais do que parece. O respeito ao espaço pessoal (não toque nas pessoas) e às regras é uma demonstração de consideração que você vai querer apresentar.

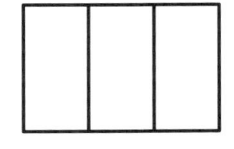

ITÁLIA

COMER RÁPIDO É DESPERDIÇAR UMA OPORTUNIDADE DE APRECIAR A VIDA

Terra do gelato, da pizza e de um conjunto de regras não escritas que governam cada pedaço de comida que chega à mesa. Para quem vem do Brasil, onde salada pode ser entrada, prato principal ou até um "tapa-buraco", e onde cortar o macarrão é considerado um gesto prático e inofensivo, a Itália pode ser uma aula intensiva (e hilária) de etiqueta gastronômica. Vamos falar de algumas lições que aprendi – algumas com charme, outras com um mico enorme no meio.

Minha experiência em terras italianas foi uma aula sobre como as refeições têm hora certa e de como o café é quase uma religião. Durante um café da manhã com amigos italianos, cometi o "sacrilégio cultural" de pedir um cappuccino depois das 11h00. O garçom olhou para mim com uma expressão de puro horror, como se eu tivesse ofendido gerações inteiras.

"Signora, cappuccino dopo pranzo? No! Solo espresso." Eu ri de nervoso e tentei argumentar que, como brasileira, não via problema em tomar um cappuccino a qualquer hora. Ele respondeu com firmeza: *"Non è la stessa cosa"*. Desde então, sigo a regra: cappuccino de manhã, expresso depois do almoço.

Eu achava que entendia os italianos... até precisar explicar o conceito de "café para viagem". Durante um evento em Roma, eu estava atrasada para uma reunião e perguntei se poderia levar meu café. O barista olhou para mim como se eu tivesse proposto algo ilegal – eu lá, mais uma vez, pagando mico no cafezinho. *"Signora, il caffè non si beve in fretta. Si vive!"*

Eles me explicaram que o café não é apenas uma bebida; é uma pausa, um momento de contemplação. Tentar transformá-lo em um ato apressado é quase um insulto. Acabei me atrasando para a reunião, mas, pelo menos, tomei o café com calma – e aprendi que, na Itália, respeitar o ritmo local é mais importante do que ser pontual.

No Brasil, comer fora pode ser rápido: um prato, uma bebida, uma sobremesa, e você está de volta à rotina. Na Itália? Prepare-se para longas refeições. Comer é um ritual, e ninguém está com pressa para terminá-lo. Um almoço ou jantar pode facilmente durar horas, com cada prato sendo servido no seu ritmo, acompanhado de longas conversas e, claro, de vinho.

Quando morei na Itália, em Roma, mais precisamente, demorei para me acostumar a isso. Como brasileira, procurava eficiência nas refeições; **na Itália, aprendi que** comer rápido é desperdiçar uma oportunidade de apreciar a vida. **Hoje, até sinto falta de passar horas à mesa sem sentir culpa...**

Imagine a cena: você está em um restaurante italiano deslumbrante, aquele típico cenário de filme, com toalhas xadrez vermelhas e garçons que parecem ter nascido na Toscana. O garçom entrega o menu, e você pede uma salada para começar, como qualquer brasileiro faria. A resposta? Um olhar confuso e um delicado (ou não tão delicado): *"La insalata si mangia dopo il piatto principale, non prima"*.

Sim, na Itália, a salada é servida *depois* do prato principal. Por quê? Porque ela é considerada uma forma de limpar o paladar e facilitar a digestão. Então, nada de pedir salada como entrada, a menos que você queira ser carinhosamente rotulado como o turista que não entende nada de gastronomia.

Nunca, jamais, corte o macarrão. Você se senta à mesa, sua *pasta* (ou macarrão, para os mortais) chega fumegante, e você, com fome, pega o garfo e a faca para cortar aquele espaguete rebelde. Um segundo depois, sente o olhar mortal de todos ao redor – como se tivesse insultado a avó de cada pessoa no restaurante. Na Itália, cortar o macarrão é o equivalente culinário de cometer um crime de lesa-majestade. A regra é simples: use o garfo para enrolar a massa. Se estiver realmente perdido, pode usar uma colher como apoio (embora isso também seja um pouco controverso, dependendo da região). Mas, por favor, nunca pense em usar a faca. É como declarar guerra ao conceito de *pasta*.

Lição para negócios? O ritmo italiano é baseado em confiança e apreciação. Não adianta apressar. Em vez disso, aproveite o tempo para construir relacionamentos. Ah, e nunca peça um cappuccino depois do almoço. Na Itália, as tradições não são negociáveis – e isso se aplica também às negociações comerciais. Respeitar os horários e os costumes locais mostra que você entende a cultura e valoriza as raízes de todos os envolvidos.

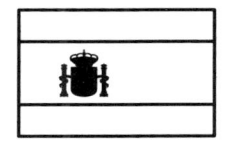

ESPANHA

ONDE O TEMPO DANÇA NO RITMO DA SIESTA E DO ALMOÇO

Minha mãe é descendente de espanhóis, achei que nada na Espanha me surpreenderia – até a primeira vez que fui convidada para um jantar de negócios. Cheguei às 19h00, pontual como uma boa "suíça", mas descobri que, para os espanhóis, 19h00 é praticamente a hora do lanche das crianças. O jantar real começou às 22h00 e, até lá, fiquei segurando a fome com *tapas* (pequenas entradas) e vinho.

Por outro lado, essa flexibilidade no horário traz um charme especial. Os espanhóis valorizam o tempo juntos, e o jantar não é só uma refeição, mas um evento social. Eles comem devagar, falam alto e riem mais alto ainda.

Para quem, como eu, vem de um país acelerado e cheio de compromissos atropelando uns aos outros, a Espanha pode ser um verdadeiro desafio e uma lição de vida. O tempo é fluido, e os horários parecem ter a própria coreografia, perfeitamente ajustada ao estilo de vida local. E, claro, tudo começa (ou pausa) com a *siesta,* o sagrado ritual do almoço.

A famosa *siesta* espanhola não é um clichê turístico; ela realmente acontece em muitas regiões, especialmente em cidades menores. Mas calma lá! Não é como se todos tirassem um cochilo no meio do dia, como se fosse um país de gente sonolenta. Na verdade, a *siesta* é mais sobre desacelerar e dar um tempo para recarregar as energias. Muitos negócios, especialmente os familiares, fecham entre 14h00 e 17h00, dando uma pausa estratégica no dia.

E foi aí que aprendi uma lição engraçada (e frustrante). Durante uma viagem de trabalho a Madri, marquei uma reunião para às 14h00, crente que era um horário estratégico. Cheguei animada, preparada para arrasar na apresentação. Mas, quando entrei no escritório, parecia que o mundo havia parado. As luzes estavam apagadas, e o anfitrião só apareceu às 15h00, com um sorriso relaxado, dizendo: *"¿Por qué no almorzamos primero?"*.

Só então entendi o ritual do almoço espanhol. O almoço típico pode durar duas ou três horas, começando com *tapas*, seguido por pratos principais, sobremesa, café e, se der sorte, um *chupito* (aquele licor digestivo). A reunião? Só começou às 17h00, com mais *tapas* na mesa.

Outro choque cultural que vivi foi entender que o relógio espanhol tem a própria lógica. O dia começa tarde. O café da manhã é leve e funcional, geralmente apenas um *café con leche* com algo pequeno, tipo um pedaço de pão. O almoço, como já vimos, é uma verdadeira maratona gastronômica. E o jantar? Bem, se você acha que jantar às 21h00 é tarde, prepare-se: na Espanha, jantar antes das 22h00 pode ser considerado coisa de turista.

Uma vez, em Barcelona, fui a um restaurante às 20h00, achando que estava atrasada. A surpresa? As portas ainda estavam fechadas! O garçom me explicou que *"aquí se cena después de las nueve"*. E se você acha que isso atrasa o dia seguinte, engano seu: muitos espanhóis começam a jornada de trabalho às 10h00. **É um ritmo que valoriza o equilíbrio entre trabalho e lazer – algo que, convenhamos, todos deveríamos aprender a fazer.**

Na Espanha, negócios e lazer estão entrelaçados de uma maneira única. Antes de falar de contratos ou números, espere uma boa conversa sobre a vida, a cultura, talvez até futebol (mesmo se você não torcer para o Real Madrid ou para Barça). Não tenha pressa. A confiança é construída devagar, entre uma garfada e outra.

Durante um evento em Sevilha, meu anfitrião insistiu que experimentássemos as especialidades locais: *jamón ibérico* (eu amo mais que chocolate) e uma série de *tapas* que parecia não ter fim. Só depois de duas horas de comida, vinho e risadas é que ele me disse: *"Entonces, ¿hablamos de negocios?"*. **A comida, na Espanha, não é apenas um momento para socializar; é o terreno no qual as parcerias florescem.**

Mais do que petiscos, são quase um estilo de vida. Durante reuniões informais, é comum que pratos pequenos sejam compartilhados, criando um ambiente descontraído e amigável. Lembro-me de outra reunião em Valência, em que os números na apresentação eram quase uma desculpa para pedir mais uma rodada de *paella* (prato com arroz local). Foi no meio de uma discussão sobre *paella* que o contrato foi fechado, acredita?

A lição que fica? Em terras espanholas, as melhores decisões são tomadas quando a mesa está cheia – de comidas, copos e boas histórias. Se você está indo para a Espanha a trabalho, deixe de lado sua pressa e abra espaço para os rituais. O tempo é vivido com plenitude, com pausas estratégicas para comer, beber e, claro, criar laços. Aprendi que, ao desacelerar e mergulhar na cultura deles, você faz melhores negócios e também descobre uma nova maneira de apreciar a vida. Afinal, como dizem os espanhóis: *"A buen hambre, no hay pan duro"* [Com fome, nenhum pão é duro].

" NA FRANÇA, A ETIQUETA IMPORTA – SEJA NA MESA OU NA SALA DE REUNIÕES. GESTOS SUTIS, COMO CUMPRIMENTOS FORMAIS E ATENÇÃO AOS DETALHES, FAZEM TODA A DIFERENÇA."

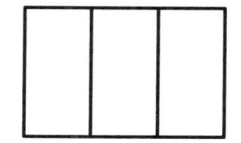

FRANÇA

A DIPLOMACIA DO QUEIJO

Durante um congresso em Paris, fui convidada para um jantar formal. Quando chegou a hora do queijo, meu lado brasileiro – prático e eficiente – decidiu cortar um pedaço generoso direto do meio da peça. O silêncio ao meu redor foi ensurdecedor. Uma colega francesa gentilmente disse: "Na França, cortamos o queijo nas laterais, para manter a forma".

Fiquei tão envergonhada que, nos jantares seguintes, passava mais tempo observando como os outros cortavam o queijo do que aproveitando a comida. Mas, no fim, entendi que o queijo, para os franceses, é quase uma arte.

Lição para os negócios? **Na França, a etiqueta importa – seja na mesa ou na sala de reuniões. Gestos sutis, como cumprimentos formais e atenção aos detalhes, fazem toda a diferença.**

Em um congresso em Cannes, fui apresentada a um grupo de empresários franceses. Já sabia que a cultura francesa é formal, então me preparei para apertar mãos com confiança. Mas aí começou o desafio: quantos beijos dar?

Na França, o número de beijos no cumprimento depende da região. Em Paris, são dois; em algumas regiões, três; em outras, até quatro! Depois de errar na conta duas vezes – indo para um terceiro beijo quando não devia –, percebi que o jeito mais seguro era esperar a outra pessoa começar e seguir o ritmo.

Respeite a formalidade francesa e esteja atento aos detalhes. Se não souber o que fazer, um aperto de mão firme e educado sempre funciona.

REINO UNIDO

CHÁ COM LEITE E SEM AÇÚCAR?

Minha primeira visita a Londres foi como entrar em um filme do Harry Potter sem saber as regras da magia britânica. Cheguei cheia de expectativas glamourosas: chá da tarde com pratinhos de porcelana, sotaques charmosos por todos os lados e, quem sabe, até um encontro casual com alguém estilo mr. Darcy, mas em versão corporativa. O que eu não esperava era que o verdadeiro choque cultural estaria ali: escondido em uma xícara de chá.

Cena: Intervalo de uma conferência. Eu, tentando parecer sofisticada, me aproximo da mesa de chá e café com a intenção de socializar. Afinal, networking é tudo, certo? Pego minha xícara de chá e, instintivamente, procuro o açúcar – porque, sejamos francos, um docinho sempre melhora tudo. Então, com o maior sorriso, ofereço açúcar ao colega britânico ao meu lado. A reação dele é digna de Oscar: olhos arregalados, uma pausa dramática, e aquela expressão de horror, como se eu tivesse acabado de perguntar se eles comiam feijão no café da manhã (e eles comem). Ele respira fundo, como quem precisa de toda a paciência do mundo, e solta: "Chá com açúcar? Isso arruína o sabor". Eu rio, achando que é uma piada. Mas ele está sério como um guarda da rainha em frente ao Palácio de Buckingham. E antes que eu possa me defender, ele arremata: "Você deveria tentar com leite. É assim que se faz".

Leite? No chá? Minha cabeça dá uma bugada. Meu cérebro brasileiro gritava "isso é errado em tantos níveis" – além disso, eu odeio leite. Bom, eu tentei disfarçar e foi... no mínimo um desastre. Não vou mentir: na hora, minha expressão era de pânico e ânsia (que mico!), não muito diferente da que cara eu recebi após a pergunta do açúcar.

Mas Londres tem este efeito: é uma cidade que te desafia a sair da sua zona de conforto, seja para experimentar chá com leite ou para atravessar ruas onde os carros vêm do lado contrário.

Falando em Londres, preciso abrir um parêntese. Tem algo de fascinante em como eles conseguem transformar cada interação cotidiana em um breve ritual. No primeiro dia, já me vi envolvida em discussões profundas sobre o tempo. "Ah, que dia cinza, não?" – diziam eles, como se fosse novidade. Para mim, era só uma terça-feira em Londres. E se não é o tempo, é o trânsito, ou talvez a fila na estação de metrô. Tudo com aquele tom educado, quase poético. Foi quando percebi que os britânicos têm um talento especial para fazer até o mais banal parecer sofisticado.

Voltando ao chá. Mesmo com o tempo e muitas idas e vindas à Inglaterra, eu não aprendi a respeitar esse ritual britânico. Meu negócio ainda é chá sem leite, com açúcar, acompanhado de um biscoito (ou *biscuit*, como eles dizem, porque cookie é coisa de americano). Mas aprendi que a pausa para o chá não é só um momento de descanso; é praticamente uma reunião estratégica disfarçada. Negócios importantes podem ser discutidos nesse intervalo. E, veja só, foi exatamente o que aconteceu comigo.

Eu estava conversando com uma empresária local. Estávamos discutindo um projeto quando, de repente, ela disse: "Por que não continuamos isso com uma xícara de chá?". Achei que era só uma pausa casual, mas não! Enquanto mexíamos nossas xícaras (em movimentos suaves e circulares, claro, porque bater a colherzinha e fazer barulho é crime federal lá), ela trouxe à tona detalhes essenciais para fechar o acordo. Entre um gole e outro, estávamos praticamente apertando as mãos.

Ah, e mais uma coisa sobre negócios com britânicos: a pontualidade. Não pense em chegar nem um minuto atrasado, ou será visto como alguém que não leva nada a sério. A pontualidade deles é um princípio de vida. E não se esqueça da polidez. Seja direto, mas nunca agressivo. **Eles têm um jeito peculiar de dar indiretas que você só percebe dois dias depois, enquanto toma banho e pensa: Peraí, aquilo foi uma crítica?**

E aqui vai a cereja do bolo: em outra visita, já mais acostumada com os costumes, me peguei participando de um verdadeiro *afternoon tea* em um salão digno de filme, com bandejas cheias de sanduíches em miniatura e doces perfeitos demais para comer. Vê como o chá, para eles, é uma conexão? Uma pausa no tempo. Uma oportunidade de negociar, socializar ou simplesmente fazer parte de algo maior – um ritual que atravessa gerações.

Moral da história: Londres te ensina que pequenas coisas, como uma xícara de chá, podem carregar grandes lições. Então, quando a vida der chá com leite, aproveite. E, claro, tenha sempre um guarda-chuva à mão – você nunca sabe quando o tempo vai mudar.

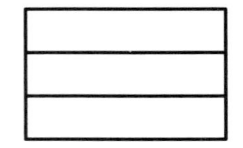

HOLANDA

A HONESTIDADE BRUTAL

Em Amsterdã, apresentei um projeto para um grupo de investidores holandeses. No fim, um deles levantou a mão e disse: "Achei a ideia interessante, mas sua estratégia é fraca". Fiquei sem reação. No Brasil, estamos acostumados a suavizar críticas, mas, na Holanda, a honestidade direta é um sinal de respeito.

Depois do choque inicial, percebi que a crítica fora construtiva e me ajudou a ajustar minha abordagem. Eles preferem ser francos para evitar confusões – e, no fim, o contrato foi fechado! Lição para negócios? Esteja preparado para feedbacks diretos e objetivos. Não leve para o lado pessoal. Para eles, ser claro é uma forma de colaboração.

Saiba que, quando estiver na Holanda, em um jantar de negócios, no final, eles vão sugerir a divisão da conta. Até aí, tudo bem. O problema? Eles dividem centavo por centavo. Cada um paga exatamente o que consumiu, sem arredondamentos – assim como na Alemanha.

Quando tentei sugerir que era mais prático arredondar, um colega holandês respondeu: "Por que arredondar, se temos a conta exata?". Para eles, isso não é mesquinharia; é apenas uma questão de justiça.

Em resumo, na Holanda, prepare-se para negociações transparentes e objetivas. E, claro, para dividir a conta com precisão cirúrgica.

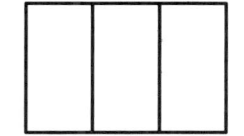

BÉLGICA

CHOCOLATE E FORMALIDADE

Na Bélgica, fui recebida com caixas de chocolates em um evento corporativo. Para uma chocólatra assumida como eu, aquilo era praticamente um sonho – uma espécie de *Charlie e a fábrica de chocolates* versão executiva. Animada, abri uma das caixas e, sem pensar duas vezes, comecei a oferecer para as pessoas ao redor. Afinal, no Brasil, é educado compartilhar. Mas, olha só, mico à vista! Um dos anfitriões, com um sorriso contido, riu discretamente e explicou: "Natália, aqui, oferecemos chocolates no final da reunião, como um gesto formal". Eu corei e pensei: **No meu país, é educado mostrar apreço e abrir o presente logo que o recebe...**

Cá entre nós, querido leitor, em situações como essa, me pego pensando naquela frase batida que diz: "Quanto mais eu sei, menos eu sei."

Enquanto esperava a hora certa para provar os chocolates, não pude deixar de observar os pequenos detalhes ao meu redor. A sala de reuniões tinha grandes janelas que permitiam que a luz suave do outono belga entrasse, iluminando discretamente as prateleiras de livros e uma pequena coleção de cervejas artesanais – outra paixão nacional. Eu soube depois que algumas dessas garrafas tinham mais de dez anos de maturação, algo que eles valorizam quase tanto quanto o chocolate.

Então, finalmente, chegou o momento que todos esperávamos. O anfitrião trouxe uma bandeja impecavelmente arrumada com chocolates artesanais. Cada um era uma pequena obra de arte, com formatos e acabamentos tão delicados que pareciam joias. Peguei um e hesitei antes de morder. "São pralinês", ele explicou, "cada um tem um recheio diferente. Chocolate aqui é levado muito a sério". Pensei que fosse apenas um gesto de cortesia, mas, aos poucos, percebi que aquele chocolate era muito mais do que uma sobremesa: ele era uma parte fundamental do processo de negociação.

Entre cada etapa do contrato, um novo chocolate foi oferecido. O anfitrião explicava as camadas de sabor com o mesmo cuidado com que analisava os termos do acordo. Um chocolate recheado com ganache de café acompanhou uma discussão sobre prazos. Um pralinê com caramelo salgado suavizou as conversas mais tensas. Era como se cada pedaço de chocolate tivesse sido escolhido para tornar aquele momento mais leve, mais humano.

Mas o que realmente chamou a minha atenção foram os pequenos detalhes de etiqueta e cultura que para nós, brasileiros, podem parecer inesperados. Por exemplo, na Bélgica, é considerado rude não comer o chocolate oferecido. Mesmo que você esteja de dieta ou simplesmente sem vontade, recusar pode ser visto como um desrespeito à hospitalidade do anfitrião. Ah, e nunca pegue mais de um chocolate de uma vez – a ideia de moderação é quase sagrada.

Enquanto as conversas fluíam, percebi que o chocolate não era apenas uma ponte entre os sabores, mas também entre as pessoas. No Brasil, costumamos iniciar reuniões com uma dose de descontração, talvez um café forte e um papo informal. Já na Bélgica, o clima pode começar mais reservado e, com o passar do tempo – e a ajuda de algumas calorias açucaradas –, as barreiras caem. E foi exatamente isso que aconteceu.

No final da reunião, quando o contrato estava prestes a ser assinado, o anfitrião pegou o último chocolate da bandeja e fez uma pausa dramática. "Se conseguimos criar algo tão perfeito quanto este chocolate", ele disse, com um sorriso enigmático, "por que não podemos fazer o mesmo com nossos negócios?" A analogia foi simples, mas brilhante. Com aquele último pralinê, selamos o acordo.

Antes de sair, ele me entregou outra caixa de chocolates – desta vez, como lembrança. Ao abrir a embalagem no hotel, mais tarde, percebi que cada pedaço tinha o nome de uma cidade belga gravado, como uma homenagem às origens daquele pequeno luxo. **Na Bélgica, nada é apenas o que parece. Cada gesto, cada detalhe, carrega uma intenção.**

Lição aprendida? Na Bélgica, pequenos detalhes são realmente importantes. Seja a maneira como servem o chocolate, as nuances de um acordo comercial ou até a forma como equilibram tradição e modernidade... Tudo ali tem propósito. Observe antes de agir porque, às vezes, o que parece um simples doce pode ser, na verdade, a chave para abrir ou fechar portas – e contratos.

> "NA BÉLGICA, NADA É APENAS O QUE PARECE. CADA GESTO, CADA DETALHE, CARREGA UMA INTENÇÃO."

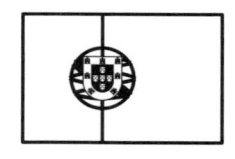

PORTUGAL

A NOSTALGIA NOS NEGÓCIOS

Em Lisboa, percebi que as conversas sempre voltam a um tema: saudade. Seja falando de negócios ou de comida, os portugueses têm uma conexão emocional com tudo o que fazem. Quando mencionei quanto minha mãe ama pastel de nata, fui recebida com sorrisos e histórias sobre a origem da receita.

Nas terras portuguesas, a conexão emocional importa. Mostre interesse pela cultura local e crie laços antes de falar de números. Certa vez, escutei de um parceiro de negócios que: "Negócios vêm depois. Primeiro, entendemos as pessoas". Em Portugal, negócios são mais do que transações; são construções emocionais. **Cada decisão tem uma história, e cada história tem um significado.**

Outro exemplo que posso dar aconteceu durante uma viagem a passeio para Algarve. Eu estava em uma vinícola local, um mergulho em outro tempo, outra cultura, outra vida. Imagine colinas cobertas de vinhedos perfeitamente alinhados, com folhas que dançavam ao vento como se estivessem celebrando a própria existência. O céu, de um azul impecável, parecia um quadro pintado à mão, e o aroma de uvas maduras no ar entregava que aquele dia seria especial. Eu estava pronta para aprender tudo sobre o famoso vinho português, mas, mal sabia, a maior lição seria sobre a alma portuguesa.

Logo ao chegar, fui recebida pelo dono da vinícola, um senhor elegante, de cabelos brancos cuidadosamente penteados e um sorriso caloroso que parecia carregar décadas de histórias. Ele nos conduziu pela propriedade com um orgulho quase palpável. Cada passo revelava um detalhe encantador: as paredes caiadas da casa principal, decoradas com azulejos azuis que narravam cenas da vida rural; as antigas prensas de madeira, que ele fez questão de explicar como ainda eram usadas durante as vindimas; o cheiro profundo das caves, onde barris de carvalho repousavam em um silêncio quase sagrado.

Enquanto caminhávamos, ele falava de vinho com a mesma paixão com que um poeta fala de amor. Explicava como o *terroir* único da região – a terra, o clima, a altitude – dava ao vinho um caráter que não pode ser replicado em lugar algum do mundo. "Aqui, o solo e as videiras têm alma", falou enquanto acariciava uma videira como se fosse um velho amigo.

O que de fato me marcou não foi apenas a técnica ou a ciência por trás do vinho, mas a maneira como ele entrelaçava tudo isso com histórias da própria família. O senhor nos contou que a vinícola estava na família há gerações. "A minha avó, ah, ela era a verdadeira mestra do vinho", disse ele, com os olhos brilhando. "Era ela quem sabia o momento exato de colher as uvas. Tinha um toque mágico, quase como se falasse com as videiras." Ele parou por um momento, olhou para o horizonte, e continuou com uma voz mais suave. "E o meu pai? Foi ele quem me ensinou que fazer vinho não é só um trabalho. É uma forma de manter a memória de quem já não está mais aqui."

Entre uma explicação e outra, aprendi muito mais do que imaginei. Descobri, por exemplo, que em Portugal as refeições são profundas. Ao contrário do ritmo apressado que nós, brasileiros, seguimos no dia a dia, os portugueses valorizam a calma à mesa. "O vinho é feito para ser partilhado, assim como a comida e as histórias", disse ele enquanto nos mostrava uma mesa comunitária enorme, onde famílias inteiras se reuniam durante as colheitas.

E as peculiaridades? Ah, teve um momento em que ele nos explicou que, nas festas da vindima, os trabalhadores cantam canções tradicionais enquanto pisam as uvas. "E sim, ainda pisamos as uvas!", disse com um sorriso maroto, percebendo a surpresa nos rostos ao redor. Eu imediatamente imaginei pés roxos e o aroma no ar, algo distante das linhas industriais às quais estamos acostumados. Tudo ali era manual, artesanal, feito com um cuidado que só quem ama profundamente o que faz consegue sentir.

Quando finalmente chegamos ao salão de degustação, fomos recebidos com uma mesa posta com uma simplicidade elegante: taças perfeitamente alinhadas, pão fresco, azeite feito na própria propriedade e, claro, uma seleção dos vinhos da casa. Mas antes mesmo de começarmos a provar, o senhor falou novamente sobre sua família, desta vez com uma nostalgia ainda mais evidente.

"Este vinho aqui, o Reserva da Família, é uma homenagem ao meu avô. Ele dizia que o vinho tinha de ser como a vida: intenso, mas equilibrado." O homem fez uma pausa, segurando a taça com cuidado, como se tivesse em mãos uma relíquia. "Quando bebo este vinho, é como se meu avô estivesse aqui comigo, a contar histórias em volta da lareira."

No final da visita, enquanto nos despedíamos, **percebi que não éramos mais apenas um grupo de turistas. Éramos uma pequena comunidade temporária, unida por aquele homem, sua paixão e suas histórias. Alguns (como eu) até estavam discretamente enxugando os olhos. Ele nos emocionou de um jeito que eu não esperava. Não era só o vinho que nos conectava, mas aquele senso de pertencimento, de memória, de amor.**

Saí da vinícola com uma garrafa de vinho em mãos, mas com algo ainda mais precioso no coração: a sensação de que, em cada gole, eu estaria saboreando uma história, uma tradição, um pedacinho de Portugal.

Em terras lusófonas, não tente apressar as negociações. Conecte-se com as pessoas e mostre interesse genuíno pelas histórias que fazem parte da cultura local.

"...PERCEBI QUE NÃO ÉRAMOS MAIS APENAS UM GRUPO DE TURISTAS. ÉRAMOS UMA PEQUENA COMUNIDADE TEMPORÁRIA, UNIDA POR AQUELE HOMEM, SUA PAIXÃO E SUAS HISTÓRIAS. ALGUNS (COMO EU) ATÉ ESTAVAM DISCRETAMENTE ENXUGANDO OS OLHOS. ELE NOS EMOCIONOU DE UM JEITO QUE EU NÃO ESPERAVA. NÃO ERA SÓ O VINHO QUE NOS CONECTAVA, MAS AQUELE SENSO DE PERTENCIMENTO, DE MEMÓRIA, DE AMOR."

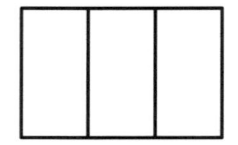

IRLANDA

O "CRACHÁ DA HUMILDADE" EM UMA REUNIÃO E UM BRINDE AOS MICOS CULTURAIS

Minha primeira viagem de negócios para Dublin foi marcada por um erro cultural que nunca esquecerei. Durante uma apresentação, usei um tom confiante (quase autossuficiente), típico do Brasil, para falar de conquistas passadas e de como minha abordagem seria a melhor solução. Enquanto eu falava, percebi olhares desconfortáveis e até algumas risadas abafadas.

Foi então que um colega irlandês, após a reunião, me disse: "Aqui, preferimos a modéstia. Se você parecer muito segura de si, as pessoas podem achar que você está sendo arrogante". Alô, leitor? Você leu isso aqui? Eu fiz anos de terapia para parecer mais confiante e vencer minha síndrome do impostor para chegar na Irlanda e passar por uma situação dessas?! Anote: no país, a humildade e o bom humor são muito valorizados. Exaltar-se ou parecer autossuficiente pode ser malvisto, mas fazer uma piada sobre si mesmo é sempre bem recebido.

Seguindo com minhas aventuras em terras celtas, fui logo nos primeiros dias curtir um bom e velho *pub* bem tradicional. Afinal, como resistir ao convite de experimentar a famosa cerveja Guinness direto da fonte? Cheguei animada, disposta a mergulhar de cabeça na cultura local. O ambiente era tudo o que eu esperava: um lugar aconchegante, com paredes de madeira escura, uma lareira acesa e música tradicional irlandesa tocando ao fundo. Eu estava pronta para brindar à hospitalidade irlandesa... mas, você pode imaginar, as coisas não saíram exatamente como planejado.

Logo ao entrar, fui recebida por um senhor de cabelos vermelhos e olhos muito azuis, que parecia ser o dono do lugar. Ele me indicou um lugar no balcão e, como boa brasileira, decidi puxar papo. Olhei para o bartender e soltei um animado: "Uma Guinness, por favor!". Ele riu e respondeu com um sotaque carregado: "A Guinness não se pede, menina, ela se espera. Sente-se e aguarde". Achei curioso, mas me sentei e esperei – só para descobrir que servir uma Guinness é quase um ritual por lá. Não é só despejar a cerveja no copo; tem toda uma ciência por trás da espuma perfeita, algo que eu jamais teria imaginado.

Enquanto esperava, decidi aproveitar para conversar com o senhor ao meu lado. Ele me perguntou de onde eu era, e quando respondi "Brasil", os olhos dele brilharam. "Ah, Brasil! Samba, carnaval e sol o ano inteiro!" Eu ri, já acostumada com esses estereótipos, e perguntei o que ele achava da Irlanda. O homem, com o maior orgulho, começou a contar histórias sobre as Falésias de Moher, castelos antigos e, claro, sobre a chuva. "Aqui temos cinquenta tons de verde, mas é porque também temos cinquenta tons de chuva", ele brincou. O clima na Irlanda é um tópico tão essencial quanto o café no Brasil.

Até então, tudo parecia perfeito. Mas aí veio outro mico. Decidi que seria simpático retribuir a hospitalidade com um brinde. Peguei minha cerveja recém-servida e, levantando o copo, exclamei com entusiasmo: "Saúde!". O silêncio que se seguiu foi quase ensurdecedor. O senhor ao meu lado riu e explicou: "Aqui, a gente diz *sláinte*!". Pronunciar corretamente, claro, foi um desafio à parte. O som sai algo como "slan-tcha", mas minha tentativa inicial soou mais como "salsicha".

A noite continuou, e então veio outra situação inusitada. Enquanto todos conversavam animadamente, alguém começou a cantar. Achei lindo, uma música melódica e cheia de emoção. Sem pensar muito, comecei a bater palmas no ritmo. Logo em seguida, percebi os olhares. Na Irlanda, quando alguém começa a cantar no pub – especialmente se for uma canção tradicional –, você ouve em silêncio. É quase como uma homenagem, um momento sagrado. Depois que a música termina, aí sim é hora dos aplausos. Mais uma lição aprendida.

No dia seguinte, fui convidada para um café da manhã típico em uma pequena pousada. Achei que seria algo simples, como torradas e café, mas o i*rish breakfast* é quase um banquete: ovos, bacon, linguiça, tomate grelhado, feijão e, claro, o famoso *black pudding*. Quando o prato chegou, olhei desconfiada para aquele "pudim preto".

"O que é isso?", perguntei inocentemente. A dona da pousada sorriu e explicou: "É uma iguaria feita com sangue de porco". Minha reação foi uma mistura de choque e tentativa de parecer educada. Como dizem os irlandeses, *"when in Ireland, do as the irish do"*, mas, meu amigo leitor, eu já tinha aprendido a lição de não forçar meus instintos com o chá com leite na Inglaterra. Seria bem pior ter ânsia do que recusar sutilmente. Então, sorri de orelha a orelha para a senhora e disse: "Muito obrigada, eu já tomei um café da manhã muito farto no meu hotel" – e foi a melhor decisão *ever*.

Mais tarde, em uma caminhada pelo interior, fui cumprimentada por praticamente todas as pessoas que cruzavam meu caminho. *"Hi!"*, *"How are ye?"*, *"Lovely day, isn't it?"* Era tanta simpatia que eu me perguntei se eles estavam apenas sendo educados ou se realmente queriam uma resposta. No Brasil, um "oi" é apenas um "oi", mas na Irlanda, cada cumprimento parece o início de uma conversa. No começo, tentei responder a todos com um "Estou bem, e você?", mas logo percebi que a resposta padrão era algo como *"I'm great, thank you!"*, mesmo que o céu estivesse desabando.

No fim da viagem, já acumulava uma coleção de micos, histórias e lições. Aprendi que, na Irlanda, os detalhes importam. Desde a forma de pedir uma cerveja até o respeito pelas tradições musicais. A cada passo, me sentia mais conectada com a cultura, mesmo tropeçando em seus pequenos mistérios.

Então, querido leitor, se um dia você for à Irlanda, lembre-se: respeite o tempo da Guinness, aprenda a dizer *sláinte* com confiança, e não subestime o poder de um bom *black pudding* no café da manhã. Ah, e eles têm cinquenta tons de verde, mas também têm cinquenta tons de paciência com turistas.

E nos negócios, faça sua apresentação com confiança, mas adicione uma boa dose de humildade e humor autodepreciativo – vai abrir mais portas do que qualquer gráfico de impacto. Vai por mim.

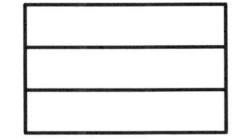

LUXEMBURGO

A BUROCRACIA INFINITA

Luxemburgo é um país pequeno, mas sua influência financeira é tão gigante que você quase sente que está andando em uma versão real do Banco Imobiliário, só que muito mais sofisticada. Eu fui até lá para fechar uma parceria comercial – algo que, na minha cabeça, seria simples e direto, como costumo fazer na Suíça, onde um acordo verbal e um aperto de mão muitas vezes já bastam. Mas eu estava enganada.

Logo ao chegar, fui recebida com a hospitalidade luxemburguesa, um misto de formalidade europeia e simpatia contida. O prédio da reunião era impecável, com uma arquitetura moderna que parecia saída de um catálogo de design minimalista. Eu já estava pronta para entrar, discutir os termos, apertar as mãos e partir para a próxima tarefa. Só que foi aí que começou a minha saga.

Depois de uma reunião que parecia estar fluindo bem, com todos concordando e sorrindo, pensei: *Ufa, missão cumprida!* Até que, no final, o anfitrião me entregou uma pilha de documentos tão alta que poderia ser usada como apoio para a Torre Eiffel. Como se isso não fosse o suficiente, os papéis estavam em três idiomas: luxemburguês, francês e alemão. Fiquei olhando para aquela montanha de contratos com a mesma expressão que um brasileiro tem ao ver a conta do restaurante cheia de taxas escondidas.

Mas calma, a aventura só estava começando. Peguei meu celular e, com o tradutor, fui confirmando se eram somente cópias de igual teor (por sorte, eram), porque, vamos ser honestos, meu luxemburguês é tão inexistente quanto neve em Salvador. Passamos horas revisando cada detalhe – cláusula por cláusula – enquanto eu me perguntava: *Por que eu simplesmente não trouxe um advogado diretamente de Hogwarts para decifrar isso?* Quando finalmente terminamos, pensei que bastava assinar e pronto. Mas não! Faltava um selo oficial.

Aí veio a cereja do bolo: esse selo só poderia ser obtido em um cartório no dia seguinte. O problema? O cartório abria às 8h00 da manhã e fechava ao meio-dia. E sim, só funcionava de segunda à sexta. Não havia escapatória. O anfitrião me disse, com a maior naturalidade do mundo: "É assim que garantimos a precisão e o rigor". E tudo o que eu conseguia pensar era: *Precisão ou tortura?*

Naquela noite, **enquanto revisava mentalmente o meu dia, me peguei rindo da situação. Era inacreditável que tudo aquilo fosse "apenas" para uma parceria comercial que, em outros países, eu teria fechado com um simples café e uma troca de cartões de visita. Luxemburgo me ensinou que eles levam a sério a máxima de que "tudo precisa estar nos conformes"** – e quando digo "nos conformes", quero dizer perfeitamente organizado, revisado e certificado por todos os órgãos possíveis.

No dia seguinte, fui ao cartório, que era tão silencioso e organizado que me senti entrando em uma biblioteca. Esperei pacientemente minha vez e, quando finalmente consegui o tal selo, quase comemorei como se tivesse ganhado na loteria. Mas, claro, fiz isso internamente – em Luxemburgo, qualquer demonstração de euforia parece ser um crime de etiqueta.

E os detalhes que mais me surpreenderam? Primeiro, a pontualidade quase assustadora. Se a reunião estava marcada para começar às 9h00, isso significava que às 8h59 você já deveria estar na sala, sentado e pronto. Segundo, a cultura de tomar decisões coletivas: antes de qualquer assinatura, parecia que todas as partes – incluindo os parentes dos participantes – precisavam concordar com os menores detalhes. E, finalmente, a calma absoluta com que lidam com burocracia, como se preencher cinquenta formulários fosse tão natural quanto respirar.

No final, tudo deu certo, e eu saí de lá com o contrato assinado e uma nova lição gravada na mente: paciência é uma virtude, especialmente em Luxemburgo. Ah, e se for negociar por lá, não se esqueça de levar uma boa dose de humor, um tradutor experiente e, claro, muito tempo de sobra. Afinal, naquele pequeno país, até mesmo a burocracia tem um toque de perfeição.

Luxemburgo é impecável em termos de precisão, mas prepare-se para navegar por um mar de papéis antes de fechar qualquer acordo. Paciência é a chave.

ÁUSTRIA

O JOGO DE ETIQUETA
E FORMALIDADE

Viena, a cidade da música, dos cafés elegantes e, aparentemente, das formalidades que podem transformar uma simples saudação em um teste cultural. Quando cometi o erro inocente de me referir ao diretor sênior apenas pelo primeiro nome, mal sabia eu que estava desrespeitando uma regra de ouro. O olhar dele foi tão frio quanto uma manhã de inverno nos Alpes, e, naquele instante, percebi que tinha pisado em território delicado. Foi apenas mais tarde, graças a uma colega simpática, que entendi a gravidade do meu deslize. Na Áustria, títulos são praticamente sagrados. *Herr Doktor* ou *Frau Professor* não são apenas enfeites –são o passaporte para uma interação bem-sucedida.

Depois dessa lição, decidi que precisava andar com mais cuidado em terras austríacas. Mas, como boa brasileira, já vinha acumulando outros pequenos "micos" durante minha estadia. Por exemplo, fui a um café histórico, daqueles que parecem ter saído de um filme de época. A atmosfera era encantadora: lustres brilhando, garçons de smoking e o cheiro de café fresco misturado com o doce aroma de *sachertorte*. Mas, enquanto eu tentava pedir meu café expresso (uma decisão inofensiva, achei), o garçom arqueou as sobrancelhas como se eu tivesse acabado de pedir uma pizza com abacaxi. "Aqui, é *melange*", ele corrigiu com toda a paciência de quem está acostumado a lidar com turistas. Descobri que m*elange* é a versão local do cappuccino, e pedir qualquer outra coisa era, no mínimo, um sinal claro de que você não sabia onde estava.

E a pontualidade? Na Áustria, cinco minutos não são "nada demais"; são praticamente uma ofensa pessoal. As pessoas lá vão te esperar com uma expressão que diz: "Seu tempo não é mais importante que o meu". Calcule de quanto tempo precisa para chegar quinze minutos mais cedo não apenas para encontros, mas para reuniões e até mesmo para pegar um trem. Aliás, na Áustria, o trem é como na Suíça: se está programado para sair às 10h17, ele sai exatamente às 10h17, e se você não estiver lá, bem... boa sorte com o próximo.

Viena tem uma aura de perfeição, mas isso tem um preço: as normas são levadas muito a sério. Certa vez, enquanto caminhava pelo parque Stadtpark, notei que as pessoas seguiam rigorosamente os caminhos marcados, sem pisar na grama. Claro, achei aquilo curioso e decidi cortar caminho pelo gramado. Antes mesmo de dar três passos, ouvi um sonoro "*Nein!*" de um senhor que passeava com seu cachorro. Ele me lançou um olhar de puro desapontamento, como se eu tivesse ofendido Mozart pessoalmente. Voltei para o caminho pavimentado com o rabo entre as pernas, jurando nunca mais desafiar as regras austríacas.

Outra experiência inusitada aconteceu durante uma visita que fiz com toda minha família. A disposição dos talheres era tão complexa que parecia um enigma a ser resolvido. Quando comecei a usar o garfo "errado" para a salada, o olhar discreto, mas carregado, da minha mãe ao meu lado, como que dizendo: "Eu te dei educação, use-a", me fez entender que não era apenas sobre comer: era sobre demonstrar que você sabia se comportar à mesa.

Para piorar, **quando tentei brindar com um tim-tim animado, descobri que, na Áustria, você deve olhar nos olhos da pessoa ao brindar. Não olhar é considerado falta de confiança ou má sorte – e segundo algumas tradições, um presságio de sete anos de azar na vida amorosa. Eu não quis arriscar.**

Para ter sucesso nos negócios, adapte-se ao formalismo austríaco. Conheça os títulos e use-os, pois é um detalhe que faz toda a diferença. Em um jantar de negócios, eles têm regras claras sobre como e quando brindar. O detalhe curioso? Brindar com vinho tinto ou branco tem significados diferentes, especialmente em eventos formais. Vinho branco, por exemplo, pode ser associado a momentos mais leves, enquanto o tinto é reservado para situações de maior formalidade.

Os austríacos levam muito a sério a escolha do local para reuniões e a organização dos ambientes. As mesas são cuidadosamente arranjadas, os materiais dispostos de forma simétrica, e cada cadeira tem seu propósito. Como você já deve ter percebido, eu tenho um lado rebelde e bem arteiro, e confesso que já tirei um objeto do lugar só para provocar, pois estava tendo um "faniquito" com tamanha precisão.

Outra dica que posso dar é: observe onde você deve se sentar. Nunca escolha uma cadeira no centro ou na extremidade principal da mesa sem ser convidado, pois isso pode ser interpretado como uma tentativa de dominar a conversa. Aguarde que eles indiquem o local e, aí sim, sente-se.

Os austríacos têm obsessão por detalhes. Negociações podem demorar porque eles vão querer revisar tudo várias vezes, especialmente cláusulas e números. Traga documentos impecáveis e, se possível, algo extra – gráficos bem-feitos ou tabelas organizadas. Um austríaco pode até corrigir pequenos erros no seu material durante a reunião (sim, eles fazem isso). Aceite a correção com calma e mostre que aprecia o feedback.

Evite perguntas muito pessoais. Mesmo em jantares, os austríacos são reservados, e perguntar sobre a vida pessoal durante uma negociação pode parecer invasivo. Enquanto brasileiros costumam quebrar o gelo com histórias íntimas, eles preferem manter a conversa no âmbito profissional.

Tampouco confunda educação com amizade. Os austríacos são incrivelmente formais em negociações. Criar laços pessoais excessivos, como costumamos fazer no Brasil, é desconfortável para eles. Seja cordial, mas mantenha certa distância profissional. Se você tentar abrir com: "Vamos tomar uma cerveja depois?", pode receber um olhar surpreso. Em vez disso, comente algo sobre o contexto da negociação: "Admiro a precisão de detalhes deste projeto; isso realmente reflete o estilo austríaco". Aí sim eles vão respeitar sua seriedade.

Na Áustria, seja na forma de se dirigir a alguém, no café que você pede ou no horário que chega, tudo parece carregado de formalidade. É como se cada pequena interação fosse um reflexo de uma cultura que valoriza a ordem, o respeito e, claro, uma boa dose de tradição. No fim das contas, essas diferenças culturais são o que tornam cada viagem uma aventura única e uma ótima fonte de histórias para contar.

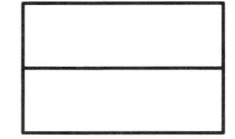

MÔNACO

LUXO E DISCRIÇÃO NAS NEGOCIAÇÕES

Minha viagem a Mônaco começou cheia de expectativas glamourosas. Imagine só: encontrar uma amiga no coração da Riviera Francesa, rodeada de iates, carros esportivos e aquele ar de exclusividade que faz você se sentir dentro de um filme do James Bond. Mal sabia eu que o verdadeiro enredo seria mais uma comédia de erros do que um thriller de espionagem.

Logo de cara, fui desafiada pelo sistema de estacionamento público. Eu estava dirigindo um carro alugado – nada tão chamativo como um Ferrari, mas não um carro tão simples – e, ao encontrar um espaço aparentemente perfeito, estacionei sem pensar duas vezes. Depois de um café longo e uma boa conversa com minha amiga, voltei para buscar o carro e... ele tinha desaparecido. Não era possível! Primeiro, pensei que talvez estivesse na rua errada (quem nunca?), mas, depois de vasculhar o bairro inteiro, finalmente descobri que meu carro havia sido rebocado.

A bronca veio na forma de uma multa que parecia escrita em euros, mas que meu cérebro automaticamente traduziu para o preço de um rim. O funcionário do guincho, com aquele sotaque francês charmoso e um tom impassível, explicou que eu havia estacionado em uma vaga não permitida. Em Mônaco, até o sistema de estacionamentos tem regras dignas de um manual de etiqueta. Descobri da pior forma que estacionar por lá é praticamente uma ciência: você precisa saber onde, quando e por quanto tempo – e sim, cada minuto custa caro. Na dúvida, querido leitor, pare em estacionamentos privados e fique em paz em Mônaco.

Enquanto eu pagava a multa e resgatava o carro, percebi que estava aprendendo a primeira grande lição sobre o país: lá, não há espaço para deslizes. O pequeno principado é impecável em sua organização, e qualquer quebra de protocolo é tratada com a precisão de um relógio suíço.

E como não mencionar os preços surreais? Durante uma conversa com minha amiga, perguntei casualmente sobre os valores dos imóveis, achando que poderia entender um pouco mais sobre a vida por lá – afinal, moro na Suíça e estou acostumada com altos custos e preços. **Ela me lançou um sorriso enigmático, daqueles que só quem mora em Mônaco sabe fazer, e respondeu: "Aqui, valorizamos a privacidade". Entendi na hora: se você precisa perguntar o preço, provavelmente não pode pagar.**

Mas os desafios culturais não pararam por aí. Fui a um restaurante elegante (ou seja, até o menu parecia saído de um museu de arte contemporânea). Olhei para os pratos, e os preços me fizeram engolir em seco. Decidi pedir algo simples. Quando chegou, percebi que havia cometido outro erro. Era uma obra-prima minimalista: três folhas de rúcula perfeitamente dispostas, um fio de azeite trufado e algumas lascas de parmesão. Paguei o equivalente a um jantar completo em um restaurante chique no Brasil por aquilo, mas, em Mônaco, parecia ser o normal. Pelo menos o garçom foi simpático, e a vista do restaurante compensou o susto.

E os locais? Ah, os monegascos são um estudo à parte. A cultura da discrição reina com supremacia. Enquanto nós, brasileiros, adoramos contar histórias com entusiasmo e fazer amigos em qualquer lugar, por lá, menos barulho significa mais classe. Durante um passeio no cassino de Monte Carlo, percebi que falar era praticamente um pecado social – veja bem, não estou dizendo "falar alto", mas simplesmente "falar". Apostas silenciosas, olhares discretos e um clima de total exclusividade. Eu, obviamente, derrubei uma ficha no chão e, ao me abaixar para pegá-la, bati em uma cadeira. O olhar dos outros jogadores fez com que eu quase me transformasse em uma estátua de mármore – sem exageros...

No fim da viagem, enquanto admirava a vista para o mar Mediterrâneo, percebi que Mônaco não é apenas um lugar; é um estilo de vida. Um lugar onde cada detalhe é meticulosamente planejado e onde você nunca sabe se está andando ao lado de um magnata, uma celebridade ou simplesmente alguém com o mesmo ar de mistério que o próprio principado inspira.

No que diz respeito a negócios, Mônaco segue a mesma linha de sua cultura: discrição e precisão são essenciais. Ao contrário do estilo mais caloroso e direto que usamos no Brasil, aqui as negociações são um verdadeiro balé de formalidades e gestos sutis. A imagem que você projeta importa tanto quanto o que está na mesa de negociação. Enquanto no Brasil eu fecharia um acordo com um aperto de mão amigável e uma boa conversa, em Mônaco, até o local onde acontece a negociação faz parte do jogo – seja um restaurante impecável ou um *lounge* com vista para os iates ancorados. **Aprendi que, em Mônaco, não é só sobre o que você diz, mas como e onde você diz.** Afinal, por trás de toda aquela elegância e minimalismo, o objetivo é o mesmo: garantir que cada detalhe do negócio esteja tão perfeito quanto os arranjos impecáveis das mesas dos restaurantes ou o rigor das regras de estacionamento.

Lição final? Mônaco é um lembrete de que, às vezes, a simplicidade pode ser o maior luxo – mas também de que é preciso saber navegar de acordo com as regras locais. Seja para estacionar o carro ou entender um cardápio, esteja sempre preparado. E, se você for brasileiro como eu, lembre-se: respire fundo, fale baixo e, pelo amor de Deus, não tente ostentar lá, pois você vai se dar mal.

> **"** APRENDI QUE, EM MÔNACO, NÃO É SÓ SOBRE O QUE VOCÊ DIZ, MAS COMO E ONDE VOCÊ DIZ."

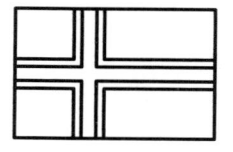

NORUEGA

A PAUSA PARA O AR FRESCO

Embora eu ainda não tenha visitado a Noruega, minhas interações com amigos e parceiros de lá sempre me proporcionaram histórias fascinantes e, por vezes, inacreditáveis. É um país onde a simplicidade e o respeito pela natureza moldam tanto a vida cotidiana quanto os negócios. Mas, para nós, brasileiros, algumas coisas podem parecer um tanto... inusitadas.

Uma vez, em uma videoconferência com um grupo de noruegueses, a reunião foi interrompida porque era "hora da pausa para um ar fresco". Pensei que fosse apenas uma figura de linguagem, mas não! Eles saíram das mesas, colocaram os casacos e foram caminhar na parte externa, sob um frio de -10°C. Enquanto eu pensava em como eles sobreviveriam sem sentir os dedos, eles se mostraram felizes e revigorados ao retornar. Descobri que essas pausas são uma prática comum: os noruegueses acreditam profundamente que o contato com a natureza, mesmo em doses pequenas, melhora a produtividade.

Outra peculiaridade fascinante é o amor deles pelo silêncio. Enquanto no Brasil o silêncio em um ambiente de trabalho pode ser até desconfortável, para os noruegueses é natural e até necessário. Em uma conversa com um amigo de Oslo, perguntei sobre a falta de respostas rápidas durante negociações. Ele riu e disse: "Aqui, silêncio não significa desinteresse; significa que estamos refletindo". Ou seja, aquele momento de silêncio constrangedor, quando um brasileiro talvez preenchesse o espaço falando algo irrelevante, é valorizado na Noruega como tempo de ponderação e respeito, assim como no Japão.

E, claro, não posso deixar de mencionar a relação única que eles têm com o clima. Os noruegueses têm uma expressão que resume sua filosofia: "Não existe clima ruim, apenas roupas inadequadas". Ou seja, enquanto eu reclamaria de uma nevasca, eles estariam tranquilamente caminhando ou até esquiando a caminho do trabalho. Uma amiga norueguesa me contou que é comum deixar bebês dormindo do lado de fora de estabelecimentos, mesmo durante o inverno, porque o ar fresco é considerado saudável. Para mim, isso soou quase absurdo, mas, para eles, é uma prática completamente normal.

Outro exemplo curioso envolve o conceito de "igualdade". Na Noruega, não importa se você é o CEO ou o estagiário: todos têm a mesma pausa para o café, conhecido como *kaffepause*. É um momento quase sagrado durante o qual as hierarquias desaparecem e todos compartilham histórias ou simplesmente apreciam uma xícara de café. Ah, e não espere encontrar açúcar ou leite nas mesas – o café por lá é puro e forte, assim como a ética de trabalho.

E falando em café, me disseram que é normal levar sanduíches preparados em casa para o almoço – o famoso *matpakke*. Nada de grandes refeições em restaurantes durante o expediente. Eles acreditam que comer algo simples, feito por você mesmo, é mais prático e saudável. Imagine só eu, acostumada a longos almoços brasileiros, tentando me adaptar a isso.

Por último, mas não menos importante, há o conceito de *friluftsliv* – que, traduzido literalmente, significa "vida ao ar livre". Não é apenas um hobby; é quase uma filosofia nacional. Meus amigos noruegueses sempre falam sobre a necessidade de sair, caminhar, respirar e, de preferência, fazer isso em meio à natureza. Eles levam tão a sério que até mesmo reuniões de negócios podem acontecer durante caminhadas ou esquiadas.

Quando o assunto é negócios, a Noruega me ensinou – mesmo à distância – que transparência e confiança são tudo. Diferente de culturas que valorizam discursos pomposos ou estratégias agressivas, os noruegueses apreciam a honestidade e a simplicidade. Eles não gostam de rodeios, mas também não toleram pressa. É preciso ser direto, nunca invasivo.

Além disso, a igualdade que eu mencionei antes se estende às negociações. Independentemente de sua posição na hierarquia, sua opinião será ouvida – e esperam que você faça o mesmo, ouvindo a todos. E esteja preparado para lidar com um ritmo que pode parecer lento para os brasileiros. O tempo que eles levam para analisar e refletir faz parte de um processo cuidadoso para garantir que todas as decisões sejam justas e sustentáveis.

A lição mais valiosa que aprendi com meus contatos **na Noruega é que, para ter sucesso, é preciso respeitar o equilíbrio entre trabalho e**

vida pessoal. Forçar reuniões fora do expediente, por exemplo, é uma péssima ideia. Eles acreditam que um profissional equilibrado será mais produtivo e confiável – e, para eles, ter confiança no parceiro é essencial antes de fechar qualquer contrato.

No final das contas, a Noruega é um lugar onde regras que podem parecer bizarras para nós fazem sentido dentro de um contexto mais amplo de respeito, simplicidade e conexão com a natureza. É um país que me intriga e inspira, e embora eu ainda não o tenha visitado, cada interação com os noruegueses me deixa com a sensação de que há sempre algo novo e surpreendente para aprender. Quem sabe, no meu próximo livro, eu já tenha conhecido pessoalmente o país e suas encantadoras auroras boreais? **As auroras boreais, com suas luzes dançantes no céu da Noruega, são um lembrete mágico de que a natureza faz a própria arte, pintando o universo com cores indescritíveis.**

SAN MARINO

O PEQUENO PAÍS QUE ROUBA CORAÇÕES (E NOS FAZ REPENSAR TUDO)

Eu achava que estava apenas "passando" por San Marino, aquela pequena república no topo de uma montanha cercada pela Itália. Sabe como é, uma paradinha estratégica para almoçar, tirar algumas fotos e riscar mais um país da lista. Mas bastou colocar os pés lá para perceber que não sairia tão cedo. **San Marino tem uma coisa especial, um charme único que te prende – como se o próprio ar carregasse um toque de magia mediterrânea.**

Assim que cheguei, fui recepcionada por aquela atmosfera encantadora: ruas de pedra sinuosas, vistas espetaculares do alto da montanha, castelos que parecem ter saído de uma história medieval. Era como se o tempo tivesse parado. Mas logo percebi que havia muito mais do que paisagens lindas. San Marino é uma caixinha de peculiaridades – e, para nós, brasileiros, algumas delas podem parecer, no mínimo, inusitadas.

Tudo é pequeno, mas funciona muito bem: para começar, o tamanho. San Marino é minúsculo. Com apenas 61 km^2, você consegue atravessar o país em um piscar de olhos. E, no entanto, parece que tudo ali é incrivelmente organizado. Posto de saúde? Impecável. Escolas? Excelentes. E o transporte público? Ah, uma maravilha! Enquanto no Brasil a gente reclama de ônibus lotados e horários atrasados, lá os poucos ônibus disponíveis passam na hora exata, mesmo em ruas que parecem estreitas demais até para uma bicicleta. Tudo funciona de maneira tão eficiente que, sinceramente, dá vontade de perguntar: "Será que vocês aceitam uma cidadã brasileira?".

> **"** ÀS VEZES QUANDO EU ME VEJO EM UMA SITUAÇÃO DE ESTRESSE, VOLTO PARA ESSE EXATO MOMENTO. ME FAZ BEM LEMBRAR QUÃO IMPORTANTE É NOS CONECTARMOS COM NOSSA ESSÊNCIA.**"**

Não existe "pressa" em San Marino. Na primeira vez que me sentei em um café charmoso com vista para o vale, achei que ia pedir um expresso e continuar explorando. Que inocência! Quando me acomodei, o garçom trouxe meu café com uma paciência que só rivalizava com a calma de quem vive cercado de tanta beleza. Percebi que ele esperava que eu ficasse, relaxasse, saboreasse. **A ideia de sair correndo depois de beber o café parecia quase ofensiva. É o espírito da dolce vita levado ao extremo.** Então, abandonei a pressa e fiquei por ali – aproveitando não só o café, mas também o silêncio, a vista e aquela sensação de que a vida ali corre em um ritmo muito mais saudável. **Às vezes quando eu me vejo em uma situação de estresse, volto para esse exato momento. Me faz bem lembrar quão importante é nos conectarmos com nossa essência.** É uma ação que me faz falta e que é muito necessária.

San Marino é uma das repúblicas mais antigas do mundo, fundada no ano de 301. E aqui vai a parte curiosa: apesar de ser completamente cercado pela Itália, eles são ferozmente independentes. Eles têm a própria moeda (embora aceitem euros), o próprio governo, e até um exército que, sinceramente, parece mais simbólico – mas também é levado a sério pelo povo. Para nós, é quase incompreensível como um país tão pequeno conseguiu se manter independente por séculos. Eu cheguei a brincar com um local: "Mas vocês não têm medo de a Itália mudar de ideia um dia?". Ele riu e respondeu: "A Itália sabe que seria mais complicado nos anexar do que nos deixar em paz".

Você sabia que, apesar de não precisar de um visto ou controle formal para entrar em San Marino, eles têm uma prática peculiar? Por uma pequena taxa, você pode ir ao escritório de turismo e pedir um carimbo oficial no seu passaporte. E sim, eu fiz questão de pagar para ter o meu. É um souvenir quase exclusivo.

Enquanto os brasileiros são apaixonados por futebol, San Marino é mais conhecido por esportes como tiro ao prato (sim, atirar em discos de argila lançados ao ar). Claro, eles têm uma seleção de futebol, mas é famosa por ser uma das mais "modestas" do mundo – vamos ser francos, são mais conhecidos por perder do que por ganhar. Quando comentei isso com um local, ele deu de ombros e disse: "Aqui, o esporte é para se divertir, não para pressionar". Mais uma lição de vida que só San Marino poderia me dar.

Foi difícil ir embora de lá. Enquanto caminhava pelas ruas ao anoitecer, com as luzes dos castelos iluminando as pedras centenárias, e o aroma de comida italiana no ar, entendi o que significa viver a verdadeira *dolce vita*. Não é sobre extravagância ou luxo, mas sobre encontrar beleza nos detalhes simples: o sorriso do garçom que traz sua taça de vinho local, a conversa descontraída com um lojista que vende produtos feitos à mão, ou o momento em que você para e observa o pôr do sol sobre o mar Adriático.

Nos negócios, San Marino pode ensinar muito. Apesar do tamanho, eles são extremamente organizados, precisos e cuidadosos. **O segredo para negociar por lá? Transparência, simplicidade e paciência**. Como o ritmo de vida é mais lento, tentar acelerar processos ou impor prazos curtos pode ser visto como desrespeito. Além disso, os sanmarinenses são mestres em construir confiança: antes de falar de contratos, conte quem você é, de onde vem e o que valoriza.

San Marino pode ser pequeno, mas o impacto que deixa no coração – e nas negociações – é enorme. E quem sabe, um dia, eu encontre uma desculpa para voltar... ou, melhor ainda, para ficar de vez.

LIECHTENSTEIN

UM DIA NO CASTELO E UMA AULA DE CULTURA

Minha passagem por Liechtenstein foi breve, mas tão cheia de experiências que parece ter durado muito mais. Esse pequeno principado, aninhado entre a Suíça e a Áustria, é quase como um segredo bem guardado. Fui até lá para participar de um evento cultural, e não poderia imaginar cenário mais encantador do que o próprio castelo de Vaduz para sediá-lo.

O castelo domina a paisagem de Vaduz, a capital do país. Ele está no alto de uma colina, e a vista lá de cima é simplesmente deslumbrante: montanhas alpinas, campos verdes e a cidade organizada lá embaixo. Não há como negar: é um local que exala história e senso de exclusividade. Chegar ao castelo já foi uma aventura – ruas estreitas e sinuosas me levaram até o topo, onde um portão imponente me recebeu. A primeira sensação ao entrar foi a de estar mergulhando em um cenário medieval, mas com um toque moderno e elegante.

O evento, como esperado, foi meticulosamente organizado. Cada detalhe estava impecável, desde os assentos cuidadosamente alinhados até a seleção da música, que misturava melodias clássicas com sons contemporâneos. Havia um equilíbrio perfeito entre tradição e modernidade – uma característica que parece estar profundamente enraizada na cultura de Liechtenstein. O anfitrião explicou como o castelo ainda é a residência oficial do príncipe de Liechtenstein e de sua família. É fascinante pensar que, enquanto participávamos de um evento cultural, eles podiam estar lá, vivendo a vida cotidiana.

Mas o que realmente me chamou a atenção foram as interações com os locais. Para nós, brasileiros, acostumados com calor humano e conversas animadas, a discrição dos liechtensteinenses pode parecer estranha no início. As pessoas falam baixo, são extremamente educadas e têm um jeito reservado que transmite uma aura de calma. Em certo momento, fiz uma pergunta mais descontraída a um dos organizadores, e a resposta veio com um sorriso contido, mas cheio de cortesia. **Foi quando percebi que a discrição, a confiança e o respeito são pilares fundamentais da cultura local.** E querem saber? Por mais micos que eu passe, ou por mais olhares julgadores que eu receba, sou educada, mas jamais deixarei de ser alegre e espontânea.

E, claro, não pude deixar de notar algumas peculiaridades. Por exemplo, durante o evento, uma pausa para o café foi anunciada e eu, acostumada com o estilo brasileiro de socialização, pensei: *É agora que vamos conversar e nos aproximar*. Mas não. As pessoas pegavam xícaras de café, as apreciavam em silêncio e, em seguida, voltavam calmamente aos seus lugares. Para eles, até mesmo uma pausa é um momento de introspecção e tranquilidade.

Outro ponto interessante foi a precisão. O evento começou exatamente na hora marcada, nem um minuto a mais, nem a menos. E ao contrário de outros lugares onde discursos podem se estender além do planejado, em Liechtenstein tudo segue o cronograma com uma exatidão quase cirúrgica.

Após o evento, tive a chance de conversar com alguns empresários locais e entender um pouco mais sobre a cultura de negócios do país. Eles explicaram que, assim como na Suíça e na Áustria, a pontualidade e a exatidão são altamente valorizadas. As empresas muitas vezes são familiares, o que significa que as decisões são tomadas em ambientes próximos e de alta confiança. Um dos anfitriões mencionou: "Aqui, valorizamos relacionamentos de longo prazo. Antes de qualquer negócio, precisamos confiar na pessoa com quem estamos lidando". **Essa ênfase na confiança é algo que fica claro desde o primeiro contato – e pode ser a chave para estabelecer boas parcerias lá.**

Enquanto eu caminhava pelo castelo após o evento, com o sol se pondo atrás das montanhas, me senti completamente imersa no espírito de Liechtenstein. É um lugar que combina simplicidade, beleza e um senso de respeito por tradições que transcendem gerações. Saí de lá com uma nova apreciação pelo significado de discrição e elegância – e, claro, com a vontade de voltar um dia, mas com mais tempo para explorar cada canto desse pequeno, mas extraordinário, país.

"**ESSA ÊNFASE NA CONFIANÇA É ALGO QUE FICA CLARO DESDE O PRIMEIRO CONTATO – E PODE SER A CHAVE PARA ESTABELECER BOAS PARCERIAS LÁ.**"

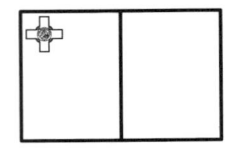

MALTA

UMA TERRA DE MISTÉRIOS E OPORTUNIDADES

Sempre que penso nessa viagem que fiz com meu marido, antes de termos o nosso Rafael, me vem um sorriso cheio de nostalgia. **Era uma época em que vivíamos com liberdade geográfica, sem compromissos fixos ou prazos apertados. Perambulávamos pelo mundo como nômades modernos, explorando cada canto com a leveza de quem tinha tempo – e curiosidade – de sobra.** E mesmo depois de tantas viagens, Malta conseguiu nos surpreender.

Logo de cara, a ilha me conquistou. Havia algo nas pessoas que despertava meu fascínio. Acredito que foram seus traços físicos, que lembravam os etruscos com feições marcantes. Aqueles queixos quadrados, cabelos pretos e barbas alinhadas me intrigavam. Enquanto explorava Valletta e outros vilarejos charmosos, minha mente vagava para os esqueletos encontrados em sítios arqueológicos locais, com cabeças longas que parecem carregar segredos de civilizações antigas. Já ouviu falar disso? Se não, vale a pena dar um Google.

Era como se cada esquina de Malta contasse uma história, e cada rosto fosse um fragmento desse grande enigma.

E os sítios arqueológicos? Um dos momentos mais marcantes foi visitar os templos megalíticos, como Hagar Qim e Mnajdra. Caminhando por entre aquelas pedras gigantes, me perguntei como uma civilização tão antiga – e com recursos tão limitados – conseguiu erguer algo tão grandioso.

Mas nem tudo foi arqueologia e mistério. Malta também teve suas surpresas culturais inusitadas. Por exemplo, enquanto explorávamos Mdina, a

Cidade do Silêncio, notei que de fato o silêncio era quase surreal. Nada de buzinas, nada de vozes altas; apenas o som dos nossos passos ecoando nas ruas de pedra. Eu e meu marido brincávamos que, se cochichássemos mais alto, seríamos repreendidos pelos guardiões invisíveis da cidade.

Outro momento peculiar foi durante um jantar em Marsaxlokk, uma vila de pescadores. O garçom nos recomendou um prato típico, e eu, animada, pedi sem pestanejar. Quando chegou à mesa, me deparei com um coelho inteiro feito com especiarias locais tão fortes que dava a sensação de estar comendo o Mediterrâneo em uma única garfada. Era delicioso, mas intenso. E o melhor? Enquanto comíamos, os tradicionais barcos coloridos, chamados *luzzu*, balançavam suavemente na baía, com seus olhos protetores pintados na proa – uma tradição presente dos fenícios.

Malta também tem um jeito peculiar de misturar o antigo com o moderno. Apesar de sua rica história, a ilha pulsa com uma energia jovem e vibrante. Descobrimos, por acaso, um evento de música eletrônica ao ar livre, no qual DJs internacionais tocavam sob as estrelas. Lá estávamos nós, rodeados por ruínas históricas, mas embalados por batidas que pareciam vir do futuro. **Essa dualidade entre o passado e o presente é algo que faz de Malta um lugar único.**

E como não falar do olhar empreendedor que essa viagem me proporcionou? Malta é muito mais do que um destino turístico. Graças à sua localização estratégica no Mediterrâneo e suas conexões históricas com a Europa e o Oriente Médio, o país é um verdadeiro *hub* de oportunidades. Durante nossas conversas com locais, ficou claro que os malteses valorizam as relações pessoais nos negócios.

Ao mesmo tempo, eles esperam uma abordagem direta e assertiva. Não há espaço para rodeios, mas o tom das negociações é sempre acessível e um tanto informal. É uma combinação curiosa: respeito pela hierarquia, mas em um ambiente que te faz se sentir bem-vindo e confortável. Talvez seja o espírito acolhedor do Mediterrâneo, combinado com a mentalidade prática dos negócios.

Saí de Malta com uma nova visão: mesmo um lugar pequeno em tamanho pode ser gigantesco em oportunidades. E, claro, com uma lista mental de razões para voltar – agora com meu Rafael, para mostrar a ele que o mundo é feito de lugares fascinantes como Malta, onde cada pedra, cada rosto e cada prato contam uma história.

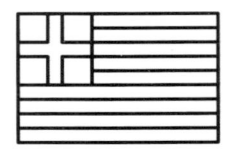

GRÉCIA

MIKONOS, AVENTURAS E AMIZADES INESQUECÍVEIS

Quando penso em Mikonos, é impossível não sentir um calor no coração – e não só por causa do sol grego, que brilha quase o ano todo. Nossa viagem foi uma combinação perfeita de paisagens deslumbrantes, momentos hilários e histórias que viraram grandes lições. Passamos quase 25 dias explorando a região, com Mikonos como nossa base principal, e cada canto da Grécia deixou sua marca.

Mikonos parece ter saído de um cartão-postal: casas brancas com janelas azuis, ruas de pedra nas quais você se perde sem pressa, praias de um azul-turquesa que chega a doer os olhos. **É o tipo de lugar que te faz repensar sua relação com o tempo e a vida.** Nós começávamos os dias sem relógio, sem planos rígidos, apenas deixando a ilha nos guiar. E, claro, Mikonos também é famosa por suas festas. Certa noite fomos a uma discoteca famosa e lá estava ela: uma garrafa de champanhe sendo vendida por 25 mil euros! Eu e meu marido olhamos aquilo e caímos na gargalhada – foi um daqueles momentos em que a realidade parece surreal. Nós rimos tanto que o garçom achou que tínhamos bebido demais, mesmo sem termos tomado uma gota de álcool.

Nossa aventura ficou ainda mais interessante quando conhecemos um casal – ele estadunidense, ela brasileira – em uma situação, no mínimo, complicada. Estávamos em um café em Mikonos quando ouvimos o sotaque brasileiro de longe – algo que sempre atrai nossos ouvidos. Eles estavam desesperados porque tinham sofrido um golpe em um hotel de Santorini, onde as reservas foram canceladas sem aviso, e o hotel insistia em cobrar uma taxa absurda para "reativar" a estadia. Como boa brasileira, não resisti e fui ajudar. Ligamos para todos os contatos possíveis, tentamos acionar o consulado brasileiro na Grécia... E, bom, digamos que o atendimento do consulado não foi exatamente o mais eficiente. Naquele momento, percebemos que teríamos que acionar o consulado dos Estados Unidos na Grécia e, esse sim, foi eficiente e atencioso conosco. Essa experiência acabou nos unindo de uma forma inesperada.

Depois de Mikonos, seguimos para explorar outras partes da Grécia. Uma das paradas mais marcantes foi Delfos, um local tão místico quanto histórico. Caminhar pelas ruínas do Templo de Apolo foi como entrar em um portal para o passado. É fascinante pensar que, há milhares de anos, pessoas viajavam de longe para consultar o oráculo em busca de respostas. Meu marido brincou: "Se a gente tivesse vindo aqui naquela confusão com o hotel, o oráculo teria dito: 'Resolva você mesmo, mas com calma'".

Algo que me impressionou foi como as civilizações antigas pareciam tão avançadas em alguns aspectos e, ao mesmo tempo, tão... peculiares. Por exemplo, descobrimos que os gregos antigos acreditavam que certos ventos podiam deixar as pessoas "malucas". Dado esse fato, comecei a entender por que gosto tanto dos gregos, pois maluco com maluco se entende bem. Comparar essas crenças antigas com a Grécia moderna, onde as pessoas vivem conectadas e atualizadas, foi divertido e fascinante.

Outra curiosidade foi o hábito grego de dar atenção às refeições. Enquanto nós somos mais descontraídos na hora de comer, eles têm um respeito quase sagrado pela comida e pelo momento à mesa. Ah, e a quantidade de azeite que eles usam em tudo é quase uma arte por si só!

Fazer negócios na Grécia é uma experiência única, que exige equilíbrio entre entender tradições locais e adotar uma abordagem prática e adaptável. Apesar da cultura descontraída e acolhedora, o ambiente empresarial grego combina aspectos modernos e históricos que podem ser desafiadores – mas também cheios de oportunidades para os que souberem navegar nas particularidades.

Diferentemente de mercados mais formais, como Alemanha ou Suíça, os gregos valorizam fortemente o relacionamento pessoal antes de qualquer acordo. Mas atenção: isso não é o mesmo que uma *small talk* superficial. Na Grécia, o objetivo é construir uma conexão genuína, baseada em confiança. Como brasileiro, você já tem uma vantagem: nossa simpatia e nossa habilidade de nos conectar facilmente com as pessoas são bem recebidas. Porém, é essencial mostrar consistência e integridade para conquistar a confiança a longo prazo. Cumprir com promessas e prazos estabelecidos é um ponto crucial porque, apesar do tom inicial informal, os gregos esperam que você entregue o que foi acordado.

Embora o ambiente de negócios na Grécia pareça mais relaxado, hierarquias ainda importam – especialmente em empresas familiares, que são comuns no país. Durante reuniões, dirija-se às pessoas mais experientes ou em cargos superiores primeiro, demonstrando respeito. Isso não significa que você precisa ser rígido; uma postura calorosa e educada, mas firme, será bem eficaz. Evite parecer indeciso ou vago, pois os gregos valorizam clareza e assertividade nas negociações.

Uma das peculiaridades da cultura de negócios grega é a abordagem flexível aos prazos e detalhes do contrato. Em muitas situações, os gregos podem parecer um pouco "relaxados" com cronogramas ou detalhes formais – algo que, para brasileiros, pode ser tanto um alívio quanto uma armadilha. Por isso, é importante encontrar um equilíbrio: demonstre paciência com o ritmo deles, mas mantenha comunicação constante para garantir que tudo está avançando conforme o planejado. O segredo é não pressionar demais, mas também não perder o controle da negociação.

Outro ponto relevante para eu abordar aqui são as reuniões na Grécia, que podem ser mais longas do que você imagina. Isso acontece porque elas frequentemente incluem momentos para discutir tópicos que vão além do trabalho – como família, interesses e até política. Esse "tempo extra" não deve ser visto como improdutivo, mas como uma maneira de fortalecer os laços pessoais e profissionais. Mas vale a pena estar preparado para retomar o foco e guiar a conversa de volta ao objetivo da reunião quando necessário.

Os gregos adoram um bom jantar e, muitas vezes, é à mesa, em um ambiente descontraído, que os melhores acordos são feitos. Se for convidado para um jantar, aceite sem hesitar. Durante a refeição, evite pressionar diretamente sobre o negócio; use esse tempo para construir um clima favorável. Ah, e não economize nos elogios à comida! A gastronomia é um orgulho nacional, e mostrar apreço pela culinária local sempre gera pontos.

Historicamente, a Grécia enfrentou crises econômicas, políticas e sociais, e isso moldou uma cultura empresarial resiliente e criativa. **Os gregos são excelentes em encontrar soluções e adaptar-se a mudanças, e esperam que seus parceiros de negócios tenham a mesma mentalidade. Demonstrar que você é capaz de lidar com desafios e propor soluções criativas será um diferencial.**

> **"OS GREGOS SÃO EXCELENTES EM ENCONTRAR SOLUÇÕES E ADAPTAR-SE A MUDANÇAS, E ESPERAM QUE SEUS PARCEIROS DE NEGÓCIOS TENHAM A MESMA MENTALIDADE. DEMONSTRAR QUE VOCÊ É CAPAZ DE LIDAR COM DESAFIOS E PROPOR SOLUÇÕES CRIATIVAS SERÁ UM DIFERENCIAL."**

A Grécia está em um momento de modernização e crescimento, e algumas áreas são especialmente promissoras para negócios. O turismo é, sem dúvidas, o carro-chefe – investir em serviços inovadores, experiências personalizadas ou tecnologias voltadas para a hospitalidade pode render ótimos frutos. Além disso, os gregos têm investido em energia renovável (especialmente solar e eólica), transporte marítimo, e até mesmo tecnologia e startups. Identificar nichos nesses setores pode ser uma excelente forma de entrar no mercado com o pé direito.

Em resumo, fazer negócios na Grécia é como navegar pelo Mediterrâneo: às vezes calmo, às vezes imprevisível, mas sempre belo e cheio de oportunidades. Para um brasileiro, o segredo é usar a habilidade natural de construir conexões, enquanto demonstra profissionalismo e resiliência. Respeite a cultura local, entenda o valor da confiança e aproveite as oportunidades que surgirem – seja para criar uma parceria de sucesso ou para fechar um grande acordo depois de um jantar em Santorini.

Ao final daqueles vinte e poucos dias, deixamos a Grécia com o coração cheio de histórias, memórias e uma gratidão imensa. O país nos ensinou muito: sobre a importância de desacelerar, de valorizar as conexões humanas e de encontrar beleza em cada detalhe, seja ao ter um ataque de riso com uma garrafa de champanhe de 25 mil euros ou em um simples café gelado. É um país que mistura o antigo e o moderno, o caos e a calma, o místico e o prático. E para nós, brasileiros, oferece mais do que paisagens deslumbrantes: é um lugar onde aprendemos que, com um pouco de paciência e um sorriso no rosto, podemos conquistar qualquer coisa.

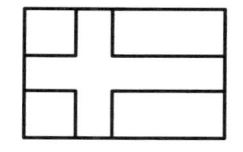

FINLÂNDIA

FOCO NO PRODUTO E NA PREPARAÇÃO

Negociar com os finlandeses foi como mudar completamente o tom de uma música. **A experiência foi tão direta e objetiva que, no começo, fiquei pensando se tinha feito algo errado. Mas não, foi apenas uma abordagem cultural completamente diferente – e uma aula sobre como o mundo dos negócios pode variar de acordo com as tradições e os valores locais.**

Logo na primeira reunião, me deparei com um dos aspectos mais marcantes da cultura finlandesa: o silêncio eficiente. Cada palavra contava e tinha um propósito.

Outra diferença marcante foi a ausência de *small talk*. No Brasil, uma reunião raramente começa sem um "Como está sua família?", "O que acha do tempo hoje?" ou "Adoro o seu escritório!". Essas conversas informais ajudam a criar uma conexão, a quebrar o gelo e a deixar todos mais confortáveis. **Já na Finlândia, as reuniões começam diretamente com os objetivos. Sem rodeios, sem preliminares, direto ao ponto.** Não se trata de falta de educação ou de interesse, mas de um foco absoluto em produtividade. Isso pode parecer frio, mas, com o tempo, percebi que era incrivelmente eficiente.

Se tem uma coisa que os finlandeses valorizam é a preparação. Cada detalhe é pensado, revisado e planejado com antecedência. Enquanto no Brasil é comum surgirem ideias de última hora ou ajustes durante o processo, os finlandeses preferem que tudo esteja estruturado antes mesmo de iniciar a conversa. Por exemplo, em uma das reuniões, apresentei uma proposta que estava 95% pronta e sugeri algumas ideias adicionais durante a minha fala. Embora tenham sido receptivos, ficou claro que preferiam discutir apenas o que já estava definido no material apresentado. Eles não são fãs de improvisações; preferem a segurança de um plano bem delineado.

Um ponto curioso foi perceber como a hierarquia é tratada de maneira diferente. No Brasil, o chefe muitas vezes ocupa uma posição de destaque e há uma divisão clara de papéis em uma reunião. Na Finlândia, a hierarquia até existe, mas é muito mais sutil. Todos são tratados como iguais e têm voz ativa, independentemente do cargo. Isso pode ser um choque para quem está acostumado a ver a palavra final vir da liderança. Lá, a equipe trabalha como um organismo colaborativo, é cada opinião técnica é tão importante quanto a do líder.

Outro aspecto interessante foi a reação deles à maneira como nós, brasileiros, gostamos de expressar entusiasmo. No Brasil, é comum dizermos coisas como "Esse é o melhor produto do mercado!", ou "Essa oportunidade é imperdível!". Para os finlandeses, isso pode soar como exagero ou até falta de precisão. Eles preferem fatos, dados e resultados mensuráveis. Em uma das reuniões, precisei ajustar rapidamente o tom do discurso para algo mais técnico e específico, deixando de lado as emoções e focando os números. Foi uma mudança desafiadora, mas que acabou sendo muito bem recebida. Um finlandês teria muita dificuldade em conseguir fazer isso no improviso.

Os finlandeses valorizam a inovação e têm um respeito profundo por soluções criativas – desde que sejam bem planejadas e apresentadas com clareza. Além disso, construir relacionamentos de longo prazo, mesmo que de maneira discreta, é fundamental. Uma vez que você conquista a confiança de um parceiro finlandês, é provável que esse vínculo dure por muitos anos.

No fim das contas, negociar com os finlandeses foi uma lição valiosa: mostrou que, mesmo em um ambiente mais objetivo e silencioso, é possível construir parcerias significativas e resultados extraordinários. Basta lembrar que, enquanto o calor do Brasil está nas palavras e nos gestos, na Finlândia ele está nos detalhes e na precisão.

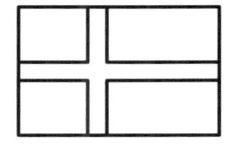

DINAMARCA

UM ENCONTRO COM A SIMPLICIDADE E A EFICIÊNCIA

Se existe um lugar onde "menos é mais" não é apenas uma filosofia de design, mas também uma regra de ouro nos negócios, esse lugar é a Dinamarca. Negociar com os dinamarqueses é uma experiência que desafia o estilo caloroso e expansivo dos brasileiros e nos coloca diante de uma abordagem prática, direta e, por vezes, surpreendentemente minimalista.

Na Dinamarca, a simplicidade é quase uma arte. Os dinamarqueses não têm tempo – nem paciência – para rodeios. Se você chegar preparado, com uma proposta clara e focada em soluções práticas, vai ganhar pontos rapidamente. Lembro-me de um contato em que comecei a apresentação com uma introdução cheia de histórias. Em certo momento, um dinamarquês educadamente interrompeu: "Podemos ir direto ao que você está propondo?". Não foi uma atitude rude, apenas a maneira deles de otimizar o tempo e focar o que realmente importa.

A lição? **Mantenha o foco no essencial. Cada slide, cada palavra e cada proposta precisam ter um propósito claro.** Para os dinamarqueses, ser eficiente não é apenas uma questão de estilo; é uma questão de respeito.

Os dinamarqueses valorizam muito a transparência. No Brasil, é comum suavizarmos ou "embelezarmos" situações para tornar as negociações mais agradáveis. Na Dinamarca, isso pode ser mal interpretado como falta de clareza. Seja honesto sobre suas intenções, prazos e desafios. Se algo não pode ser entregue, é melhor admitir desde o início do que tentar "dar um jeitinho" depois.

Um exemplo curioso aconteceu quando mencionei uma possibilidade futura que ainda não estava totalmente estruturada. Um dinamarquês, com toda a calma, respondeu: "Se ainda não está definido, não precisamos discutir agora", e seguiu para o próximo tópico sem nem pestanejar. Foi um choque cultural perceber que, para eles, a clareza e a certeza são mais importantes do que tentar agradar.

Para um brasileiro, negociar na Dinamarca pode parecer frio no início, mas também oferece grandes oportunidades. Adapte sua comunicação, seja mais direto e claro do que o habitual. Evite exageros ou promessas vagas. Demonstre preparo, tenha todas as informações em mãos e detalhes prontos antes da reunião – a improvisação não é bem-vinda.

Construa confiança com honestidade: os dinamarqueses valorizam a integridade. Se você for confiável, tem tudo para construir uma relação de longo prazo. Conclusão: menos palavras, mais ações.

Negociar na Dinamarca é uma experiência que ensina muito sobre eficiência, transparência e respeito. Para um brasileiro, pode ser um ajuste desafiador no início, mas também é uma oportunidade de crescer e aprender com uma cultura que valoriza resultados e simplicidade. No final, entender e adotar o estilo dinamarquês não só ajuda a fechar negócios como amplia sua visão sobre como o mundo pode funcionar de maneiras tão diferentes e igualmente eficazes.

> **"MANTENHA O FOCO NO ESSENCIAL. CADA SLIDE, CADA PALAVRA E CADA PROPOSTA PRECISAM TER UM PROPÓSITO CLARO."**

CAPÍTULO 4:
EUROPA ORIENTAL

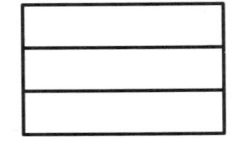

RÚSSIA

O JOGO DE XADREZ DA CONFIANÇA

A Rússia é um país transcontinental, ou seja, está localizada tanto na Europa quanto na Ásia. Cerca de 23% de seu território está na Europa, enquanto os 77% restantes estão na Ásia. No entanto, devido a razões históricas, culturais e políticas, a Rússia é frequentemente considerada parte da Europa Oriental, especialmente quando se fala das regiões a oeste dos montes Urais, que incluem a capital Moscou e outras grandes cidades, como São Petersburgo. Portanto, aqui no meu livro, vou deixá-la dentro da Europa Oriental, ok?

Negociar com pessoas da Rússia é como participar de um jogo de xadrez: cada movimento é calculado, e as regras nem sempre são claras para um novato. Quando cheguei ao meu primeiro encontro de negócios, cheia de confiança e com um sorriso caloroso típico brasileiro, fui recebida com um aperto de mão firme e um silêncio quase ensurdecedor. Senti, imediatamente, o peso da desconfiança. Não havia trocas de gentilezas ou tentativas de quebrar o gelo. Cada palavra parecia ser analisada com cuidado, como se eles estivessem tentando decifrar se eu era confiável o suficiente para seguir adiante.

Tentei quebrar o clima tenso. Resultado? Olhares neutros e uma frase direta: "Vamos ao ponto principal". Foi um choque cultural. Percebi que não era pessoal; era o estilo russo de fazer negócios: sério, objetivo, cauteloso e desconfiado.

O momento mais engraçado (e revelador) aconteceu durante uma pausa na reunião. Me ofereceram chá, e eu aceitei, achando que seria uma pausa descontraída, talvez até uma oportunidade para relaxar e criar uma conexão mais informal. Porém, a cada gole que eu dava, eles enchiam minha xícara automaticamente, sem perguntar. Depois de três xícaras, percebi que o gesto de servir o chá não era apenas hospitalidade, mas também um símbolo de generosidade e observação. A confiança deles em mim ainda não estava completamente estabelecida, mas o chá era um pequeno passo para quebrar as barreiras.

Aprendi que, negociando com russos, a desconfiança inicial faz parte da cultura. Eles prezam pela segurança em tudo, e construir confiança leva tempo, resiliência e paciência. O chá, com sua repetição incessante, acabou virando um teste de resistência e um elo simbólico entre nós. No final, percebi que, assim como no xadrez, cada jogada conta – e a paciência sempre é recompensada.

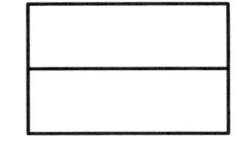

POLÔNIA

O APERTO DE MÃO DE AÇO

Logo no primeiro contato, percebi que a cordialidade polonesa tem um tom bem diferente da do Brasil. Ao estender minha mão para cumprimentar um empresário, ele a segurou com tanta força que, por um segundo, achei que ele queria arrancar o meu braço. Foi um aperto firme, decidido, quase como um teste de caráter. Aprendi naquele momento que, na Polônia, um aperto de mão forte é sinal de respeito e determinação. Uma mão frouxa poderia ser interpretada como desinteresse ou fraqueza – uma lição que nunca esqueci.

E os desafios culturais não pararam por aí. Em um jantar, cometi a clássica gafe de levantar meu copo para brindar antes do anfitrião. Parecia tão inocente, mas a sala inteira ficou em silêncio, e todos os olhos se voltaram para mim. Entendi que, na Polônia, há uma regra implícita: a pessoa mais importante da mesa, geralmente o anfitrião, é quem deve iniciar o brinde. É quase um ritual, uma demonstração de respeito pela hierarquia. Após o momento constrangedor, eu sorri sem jeito e esperei com paciência pelo próximo brinde, desta vez fazendo tudo certinho: levantei meu copo apenas quando o anfitrião começou e entoei um tímido, mas confiante, *"Na zdrowie!"* [saúde].

Agora, sobre a comida... **se você é fresco, como eu, e tem restrições alimentares, prepare-se para aventuras culinárias! A cozinha polonesa é rica, saborosa e, para os mais desavisados, repleta de surpresas.** Durante um almoço, me serviram algo com um nome inofensivo: um prato de *flaki*. Na realidade, porém, é uma sopa de tripas. Sim, tripas de boi, cozidas lentamente com especiarias. Na primeira colherada, o sabor era... não... não era, querido leitor, porque não foi. Eu, claro, tentei não parecer desrespeitosa, forcei um sorriso enquanto bebia vinho para conseguir manter a postura e recusar a iguaria. Outra vez, em um mercado local, me ofereceram *kaszanka*, que parecia uma simples linguiça. Depois descobri que era feita de sangue e miúdos. Desde então, passei a memorizar palavras-chave como *mięso* (carne) e *bez mięs* (sem carne) para evitar surpresas.

Apesar dos meus tradicionais micos e dos desafios culinários, algo que me conquistou na Polônia foi a hospitalidade. Embora pareçam sérios à primeira vista, os poloneses têm um jeito acolhedor e simpático de fazer você se sentir em casa, especialmente após alguns brindes. E por falar em brindes, descobri que não basta apenas levantar o copo e dizer "*Na zdrowie!*". O contato visual é essencial, assim como na Alemanha e na Áustria. Não olhar nos olhos durante o brinde é considerado falta de educação e, segundo algumas tradições, traz má sorte na vida amorosa por sete anos.

Para um brasileiro, a Polônia pode parecer um pouco formal no início, mas logo você percebe que é um país cheio de tradição, respeito e humor sutil. Algumas dicas importantes: aperto de mão firme, hierarquia nos brindes, cuidado com o cardápio, abertura e hospitalidade. Os poloneses são incríveis em construir relações calorosas e memoráveis, especialmente com quem demonstra interesse genuíno por sua cultura.

No fim, a Polônia me ensinou muito mais do que diferenças culturais. Foi uma experiência rica em aprendizado, risadas e alguns sustos culinários. Um lugar onde tradição e modernidade se encontram de forma única.

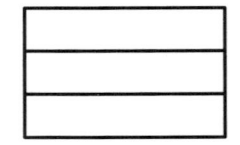

HUNGRIA

O BRINDE PROIBIDO

Quem diria que até brindar pode ser um campo minado cultural? Fui passar alguns dias em Budapeste, com a minha família, após o meu casamento na Suíça. Lá, fomos a um restaurante tradicional. Quando as bebidas chegaram, fui logo batendo os copos com todos e soltando um animado "*Cheers!*". O silêncio que se seguiu foi tão gelado quanto o vinho. Foi aí que alguém me explicou que, na Hungria, bater copos é considerado uma ofensa histórica, por causa de um episódio do século XIX – se você não sabe o que aconteceu, vale pesquisar sobre.

Para equilibrar a situação, o jantar terminou com uma sobremesa tão deliciosa que compensou qualquer constrangimento. A lição? Conheça o histórico cultural do país para evitar que um simples brinde se transforme em uma gafe! O bom é que, dessa vez, eu pude rir com meus pais e irmãos.

A Hungria tem uma posição geográfica e cultural única, funcionando como ponte entre a Europa Ocidental e Oriental. Tenha ciência, ao negociar na Hungria, de que eles valorizam negócios que reconhecem essa singularidade e respeitam a identidade nacional. Ou seja, ao apresentar uma proposta, destaque como pode contribuir com a localização estratégica da Hungria e para parcerias regionais. Isso demonstra que você entende o valor do país no contexto europeu.

Os húngaros são incrivelmente atentos a detalhes e têm uma memória afiada para promessas feitas em negociações. Se você exagerar ou prometer algo que não pode cumprir, isso vai prejudicar a sua credibilidade. Seja claro sobre o que pode oferecer e evite floreios. Um húngaro prefere uma proposta simples, porém confiável, a uma apresentação extravagante com muitas incertezas.

"OS HÚNGAROS SÃO INCRIVELMENTE ATENTOS A DETALHES E TÊM UMA MEMÓRIA AFIADA PARA PROMESSAS FEITAS EM NEGOCIAÇÕES. SE VOCÊ EXAGERAR OU PROMETER ALGO QUE NÃO PODE CUMPRIR, ISSO VAI PREJUDICAR A SUA CREDIBILIDADE."

Percebi também que os húngaros costumam esperar pelo último momento para fazer ajustes finais nas negociações. Isso não significa falta de planejamento, mas sim que eles gostam de ponderar até o fim. Tenha paciência e esteja preparado para possíveis mudanças de última hora, pois isso faz parte do estilo deles a fim de garantir que tudo está em ordem.

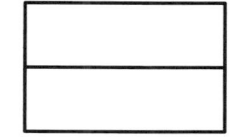

UCRÂNIA

A GENEROSIDADE QUE ASSUSTA

Com os ucranianos, experimentei algo que eu nunca tinha visto: uma hospitalidade tão generosa que chega a assustar. Em uma reunião, o anfitrião trouxe um presente para mim – uma linda boneca tradicional – e, ingenuamente, pensei que esse seria o ápice. Porém, no fim da reunião, fui praticamente forçada a aceitar uma sacola cheia de frutas, um pote de mel artesanal e um pão caseiro.

Mais tarde, descobri que a generosidade é parte da cultura ucraniana, e recusar um presente é considerado extremamente rude. O problema? Eu não havia levado nadica de nada! Moral da história? Aceite os presentes, mas certifique-se de que vai poder retribuir o carinho recebido.

Você considera o Brasil um país burocrático, certo? Errado. A sua percepção é relativa, e eu tenho certeza de que ela mudará quando você for fazer negócios na Ucrânia. Eles estão acostumados com níveis extremos de burocracia, e isso se reflete em tudo. Eles podem pedir documentos adicionais ou aprovações inesperadas mesmo quando tudo parece estar certo. Seja paciente e tenha cópias extras de todos os documentos possíveis. Demonstrar que você está preparado para lidar com a burocracia pode impressioná-los e acelerar o processo.

Não cruze os braços durante uma negociação na Ucrânia, pois isso é um sinal defensivo ou de desinteresse. Além disso, sentar-se com as pernas cruzadas em uma posição mais relaxada também pode parecer rude. Sente-se com uma postura aberta e relaxada, mas evite exagerar. Gestos contidos acompanhados de uma postura neutra transmitem respeito e atenção.

Finalizo com uma dica de ouro: na Ucrânia, sapatos limpos e bem cuida-dos são vistos como um símbolo de respeito e organização. Entrar em um ambiente com calçados sujos ou molhados (especialmente no inverno) causa uma má impressão. Parece piada, mas não é. Não seja uma mané na Ucrânia e limpe seus sapatos antes de uma reunião. Se visitar a casa de alguém, esteja preparado para tirar os calçados ao entrar – é um gesto comum de respeito.

ROMÊNIA

O DRAMA DA PORTA GIRATÓRIA

Minha chegada a Bucareste foi marcada por um daqueles momentos que poderiam facilmente ilustrar uma comédia romântica – só faltava a trilha sonora de fundo. Ao visitar um prédio corporativo elegante, com fachadas de vidro e um lobby que parecia uma galeria de arte moderna, tudo ia muito bem até eu me deparar com uma simples porta giratória.

Na tentativa de ser educada, deixei meu parceiro romeno passar primeiro. Ele, obviamente, insistiu que eu fosse. E lá fomos nós, naquele interminável "vai você, não, vai você". Até que, em um impulso quase desesperado, cedi e passei primeiro. E na pressa de acabar com o constrangimento, tropecei. Foi só depois que descobri que, na Romênia, os homens costumam insistir que as mulheres passem primeiro como um gesto de cortesia tão natural quanto dizer "bom dia". Enquanto isso, eu, achando que estava sendo igualmente educada, só consegui criar um climão.

Essa foi apenas a introdução às pequenas surpresas culturais que a Romênia tinha guardado para mim. Mais tarde, outra peculiaridade que me deixou surpresa foi a obsessão com sapatos. Em uma reunião informal na casa de um parceiro, assim que entrei, fui convidada a tirar os sapatos – algo já esperado em algumas culturas. O que eu não imaginava era que seria apresentada a uma seleção de chinelos impecavelmente organizados por tamanho e cor, como se estivesse em uma loja. A escolha do chinelo parecia quase um ritual, e eu, sem saber o que era mais adequado, acabei pegando o primeiro par em que pousei os olhos. Passei o resto do encontro pensando se tinha feito a escolha certa e torcendo para que a cor não tivesse nenhum significado oculto.

E, como em muitos países, as superstições também têm um papel importante na Romênia. Um dos momentos mais emblemáticos aconteceu durante uma reunião, quando coloquei minha bolsa no chão ao lado da cadeira. Rapidamente, meu anfitrião pegou a bolsa e a colocou sobre uma mesa próxima, explicando com toda gentileza que colocar a bolsa no chão é um grande tabu por lá; eles acreditam que isso traz má sorte financeira. A partir daquele momento, minha bolsa virou quase uma extensão do meu corpo, e nas reuniões seguintes, eu praticamente a mantinha no colo como um troféu de boas práticas culturais.

Apesar de todos esses pequenos momentos inusitados, a Romênia me conquistou. **Descobri que, por trás dessas peculiaridades culturais, existe uma hospitalidade genuína e um desejo sincero de fazer com que os visitantes se sintam acolhidos.** E se há uma lição que eu levo para vida é que, às vezes, tudo de que precisamos é confiança – seja para atravessar uma porta giratória ou escolher um chinelo. Afinal, é nos detalhes que a verdadeira magia das culturas se revela, e são esses momentos, por mais embaraçosos ou engraçados que sejam, que tornam cada viagem única e inesquecível.

Ao fazer negócios com os romenos, lembre-se de que eles têm uma cultura rica de superstições. Por exemplo, não é incomum ouvir que cortar unhas ou cabelo à noite traz má sorte. Embora isso não afete diretamente negócios, é importante respeitar crenças que possam surgir em conversas. Caso escute algo inesperado, mostre interesse, em vez de desdenhar. Pergunte, por exemplo: "Essa superstição tem uma história interessante por trás?". Isso cria conexão entre culturas.

Se você for convidado para jantar ou para uma reunião social, saiba que representa um grande sinal de confiança. Recusar convites pode ser interpretado como falta de interesse. Compareça e participe da experiência – e, se possível, experimente pratos tradicionais, pois isso demonstra respeito pela cultura local.

Saiba que os romenos podem ser francos, especialmente em negociações, mas que também valorizam a cortesia. Ser muito incisivo ou crítico pode ser percebido como agressividade. Seja honesto, mas com um tom respeitoso. Use frases como: "Posso sugerir uma abordagem alternativa para esse ponto?", em vez de "Isso não vai funcionar".

Os romenos têm um grande orgulho de sua história e cultura. Eles valorizam referências a figuras como Vlad Tepes (inspiração para o Conde Drácula), suas tradições rurais ou até mesmo o renascimento da economia moderna. Fazer uma menção ao patrimônio cultural pode ser uma excelente forma de iniciar ou encerrar uma reunião. Algo como: "É fascinante como a Romênia combina sua rica história com uma visão moderna de negócios". Isso mostra que você entende e respeita a identidade do local.

> **"DESCOBRI QUE, POR TRÁS DESSAS PECULIARIDADES CULTURAIS, EXISTE UMA HOSPITALIDADE GENUÍNA E UM DESEJO SINCERO DE FAZER COM QUE OS VISITANTES SE SINTAM ACOLHIDOS."**

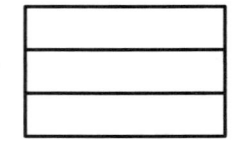

BULGÁRIA

O SIM QUE É NÃO

O ano era 2004, e lá estava eu, na Bulgária – na época, com um namorado folgado a tiracolo. Eu estava pronta para uma reunião de trabalho internacional, para uma oportunidade pela qual estava lutando bastante. Me sentia nervosa, mas confiante – afinal, já tinha ensaiado cada resposta no espelho, desde "Quais são seus pontos fortes?" até o "Onde você se vê em cinco anos?". Mal sabia eu que aquele encontro seria uma lição sobre como, às vezes, até a linguagem corporal pode ser traiçoeira.

Logo no início, o entrevistador, um búlgaro sério, começou com perguntas diretas, e eu, cheia de entusiasmo, respondi animadamente. Lá pelo meio da conversa, ele fez uma pergunta crucial. Eu respondi, observei o balançar da cabeça dele (para cima e para baixo) e pensei: *Yes! Ele concorda comigo!* Então continuei, achando que estava arrasando.

Só que não. De repente, ele me interrompeu com um *"не"* [não] categórico. Fiquei paralisada, pensando: **O que aconteceu? Ele não estava concordando comigo esse tempo todo? Aí me lembrei: na Bulgária, balançar a cabeça para cima e para baixo significa "não", enquanto mover de um lado para o outro significa "sim"!**

Eu basicamente passei metade da entrevista interpretando tudo ao contrário, acreditando que estava conquistando o entrevistador quando, na verdade, estava me enrolando cada vez mais. Pior ainda: enquanto ele balançava a cabeça de um lado para o outro (o que significava "sim"), achei que ele estava reprovando minhas respostas. Resultado? Minhas explicações ficaram ainda mais longas e desnecessárias, tentando convencê-lo de algo com que ele já estava concordando!

Para finalizar o mico com chave de ouro, ele perguntou algo sobre como eu lidava com pressão. Em vez de responder com confiança, comecei a justificar minhas respostas anteriores, como se estivesse pedindo desculpas por existir. Ele parou, me encarou e disse: "Talvez você esteja nervosa. Tome um pouco de água". A essa altura, eu só queria um buraco para me esconder.

Depois da entrevista, a lição veio rápido: **entender as diferenças culturais vai muito além da língua falada.** Até um gesto tão simples, como balançar a cabeça, pode virar um enigma. Naquele dia, não consegui a oportunidade (também, né?) e o homem sumiu para sempre, mas ganhei uma história que me acompanha até hoje e uma habilidade indispensável: sempre perguntar ou observar antes de presumir qualquer coisa em um novo país.

Moral da história? Na Bulgária, o "sim" pode ser um "não", e o "não" pode ser um "sim". Mas a certeza é que eu nunca vou esquecer essa experiência – e nem a cara daquele homem tentando decifrar o que eu estava fazendo ali.

CROÁCIA

MAR QUE GERA CIÚMES

Quando visitei a Croácia pela primeira vez, a passeio, me apaixonei imediatamente pelas águas cristalinas do mar Adriático, pelas cidades com arquitetura de contos de fadas e, claro, pela culinária mediterrânea. Tudo estava indo maravilhosamente bem... até que resolvi abrir a boca e cometer mais um mico cultural.

Eu estava em um café à beira-mar em Hvar com o Rafael de três meses no meu colo, conversando com um croata muito simpático. Ele me perguntou se eu estava gostando do país, e eu, cheia de boas intenções, soltei: "O mar aqui é tão lindo quanto na Itália!". Uma frase inocente, certo? Errado. O sorriso dele desapareceu instantaneamente, e ele me corrigiu com firmeza: "É mais bonito do que na Itália".

Naquele momento, senti como se tivesse ofendido um membro da família dele. Percebi rapidamente que os croatas têm um orgulho quase possessivo de sua costa – e com razão. O mar Adriático, com águas incrivelmente azuis, é o verdadeiro cartão-postal do país, um motivo de orgulho nacional. Compará-lo com qualquer outro lugar, mesmo com elogios, pode ser visto como um insulto.

A partir desse episódio, criei minha frase padrão para evitar problemas: "Nunca vi um mar tão bonito quanto este!". Usei essa frase como um escudo em todas as conversas que envolviam o Adriático. Se alguém mencionava outra praia do mundo, eu simplesmente mudava de assunto.

Mas o mico não parou por aí. Alguns dias depois, pelas ruas de Dubrovnik, fui elogiando as praias e, na tentativa de parecer entendida, mencionei o litoral italiano novamente. Dessa vez, a pessoa, com cara de poucos amigos, olhou para mim e disse: "Você já nadou em nossas ilhas? Então espere antes de comparar". Como contexto, Dubrovnik é famosa por suas muralhas históricas, ruas de pedra e vistas deslumbrantes do mar Adriático. É também conhecida como a Pérola do Adriático, além de ter sido cenário de filmagens de *Game of Thrones*. Um destino imperdível

Dica de ouro da Naty: quando elogiar algo, faça isso de forma absoluta. Nada de "É tão bonito quanto...". Apenas diga: "É muito bonito!", e ponto-final.

O que é isso? Na cultura croata, o conceito de *dišpet* (uma mistura de orgulho e teimosia) é muito presente. **Se um croata sentir que a autoridade dele está sendo desafiada ou que você está impondo algo, pode resistir por puro orgulho, mesmo que sua proposta seja vantajosa.** E eu não estou exagerando.

Para driblar isso, em vez de dizer "Acho que esta é a melhor solução", use algo do tipo: "Como você acha que poderíamos alinhar isso à sua visão?". Isso evita confrontos e dá espaço para o *dišpet* ser convertido em colaboração.

Negociar na Croácia pode ser um campo minado quando você não conhece a história do país, especialmente o envolvimento na antiga Iugoslávia. Portanto, trate de buscar mais conhecimento sobre o assunto. Esse tema é ainda muito delicado. Fazer comentários desinformados sobre o passado político ou conflitos podem soar de modo ofensivo. Demonstre curiosidade pela cultura, mas sem se aprofundar em questões sensíveis.

Outro fator importante em negociações internacionais com os croatas é que eles valorizam propostas claras e realistas. Promessas exageradas ou apresentações muito emocionais podem gerar desconfiança. **Quer ser estratégico? Traga fatos, números e soluções práticas.** Algo como: "Nossa proposta pode reduzir custos em 15% neste setor" ressoa mais do que promessas imprecisas de benefícios.

Os croatas têm grande foco em turismo, engenharia civil, TI, energia renovável educação e agricultura. Esses são setores nos quais há mais abertura para negócios internacionais. Demonstre como seu produto ou serviço pode agregar valor nessas áreas e prepare-se para boas parcerias.

Fique atento ao custo-benefício de sua proposta, pois eles são cuidadosos com custos e valorizam ofertas que sejam eficientes e tenham um retorno claro sobre o investimento. Mostre como sua proposta agrega valor, mas esteja preparado para negociar – eles esperam que haja flexibilidade nos preços.

Os croatas têm muito orgulho de seu país, de sua cultura e de suas realizações (incluindo a seleção de futebol!). Reconhecer isso é uma forma de criar empatia. Faça referências positivas ao país. "A Croácia tem um grande potencial no mercado turístico global, e acho que podemos trabalhar para amplificar isso juntos."

Espero de verdade que minhas experiências e o modo como capturei aspectos únicos dessa cultura, além das dicas de negociação, abram portas para você e te ajudem a construir uma abordagem mais eficiente e respeitosa com os croatas.

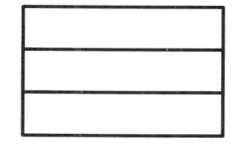

ESTÔNIA

O ASSOBIO PROIBIDO

Eu nunca visitei a Estônia (pelo menos, ainda não), mas durante meu mestrado na Suíça tive o privilégio de conviver com pessoas de diversas culturas. Entre reuniões e apresentações de trabalhos acadêmicos, sempre surgiam momentos inusitados que revelavam as diferenças culturais – e algumas gafes que, mesmo sem querer, rendiam ótimas histórias.

Foi durante um desses encontros multiculturais que um colega – completamente alheio às tradições da Estônia – decidiu assobiar uma melodia enquanto revisávamos um trabalho. O ambiente, até então silencioso e concentrado, foi imediatamente preenchido pelo som animado do assobio. Mal sabia ele que, para os estonianos, assobiar em lugares fechados é considerado má sorte.

Eu só percebi o impacto cultural quando notei os olhares desconfortáveis ao meu redor. Um dos colegas estonianos se mexeu inquieto na cadeira, visivelmente incomodado. Até que, com um tom educado, mas firme, ele disse: "Você pode, por favor, parar com isso? Não queremos trazer má sorte para o projeto". O colega assobiador ficou paralisado, sem entender o que havia feito de errado, enquanto eu tentava segurar o riso ao mesmo tempo em que sentia uma tremenda vergonha alheia.

A atmosfera ficou tão tensa que, por um momento, todos nós – exceto o pobre assobiador – começamos a nos perguntar se algo terrível realmente poderia acontecer. **Foi uma verdadeira lição sobre como algo aparentemente trivial pode carregar um peso cultural enorme.**

Depois disso, o coitado do colega nunca mais assobiou em público. E eu? **Passei a ficar atenta a cada detalhe de etiqueta em diferentes culturas.** Moral da história? Às vezes, um simples assobio pode virar a nota mais desafinada em uma apresentação acadêmica, sem falar no climão entre os colegas.

Quem sabe um dia eu mesma visite a Estônia para entender melhor o peso desse "tabu". Até lá, vou evitar melodias em lugares fechados, só por precaução!

> **" PASSEI A FICAR ATENTA A CADA DETALHE DE ETIQUETA EM DIFERENTES CULTURAS."**

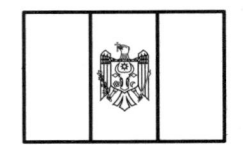

MOLDÁVIA

BRINDES SEM FIM

Negociar com moldavos é uma experiência única e cheia de nuances culturais que vão muito além das salas de reunião. Uma vez, um colega argentino compartilhou comigo uma situação que viveu e, só de ouvir, já imaginei o desafio que seria. Apesar de não ter acontecido comigo, acho válido compartilhar neste livro.

Ele estava em Chisinau, participando de um jantar formal com parceiros locais. Tudo parecia caminhar perfeitamente bem: comida típica, vinho de alta qualidade e conversas descontraídas sobre negócios e cultura. Foi então que chegou o momento dos brindes. O anfitrião levantou o copo e iniciou um discurso caloroso sobre amizade e colaboração internacional. Até aí, tudo tranquilo. Quando todos brindaram, meu colega achou que a questão estava encerrada.

Ah, que engano...

Na Moldávia, um brinde não é apenas um gesto simbólico; na verdade, é o início de uma tradição na qual cada pessoa na mesa tem a sua vez de levantar o copo e fazer um discurso. Após o anfitrião, outra pessoa se levantou para falar sobre o trabalho em equipe. Depois, veio um terceiro brinde, dessa vez exaltando a importância da tradição moldava em negócios internacionais. O ritmo era claro: cada pessoa teria a sua vez de falar.

Meu colega, que não fazia ideia dessa tradição, foi pego de surpresa quando todos os olhares se voltaram para ele. Sem saber exatamente o que dizer, ele improvisou: "Obrigado pelo convite, e que este jantar seja o início de uma parceria tão forte quanto o vinho moldavo é delicioso". Que bom que deu certo, não é?

O que eu quero passar aqui com essa história do meu amigo argentino é que, quando você for negociar ou trabalhar com moldavos, respire fundo e esteja preparado para mergulhar na cultura deles, um brinde de cada vez.

A Europa Oriental é uma terra rica em tradições e surpresas culturais, uma mais particular do que a outra. Dos brindes intermináveis na Moldávia ao assobio proibido na Estônia, cada país nos ensina valiosas lições sobre paciência, respeito, aceitação e, claro, como evitar micos em negociações internacionais. A cada viagem, aprendo a me adaptar e, acima de tudo, a valorizar o charme único de cada cultura.

CAPÍTULO 5:
ÁSIA

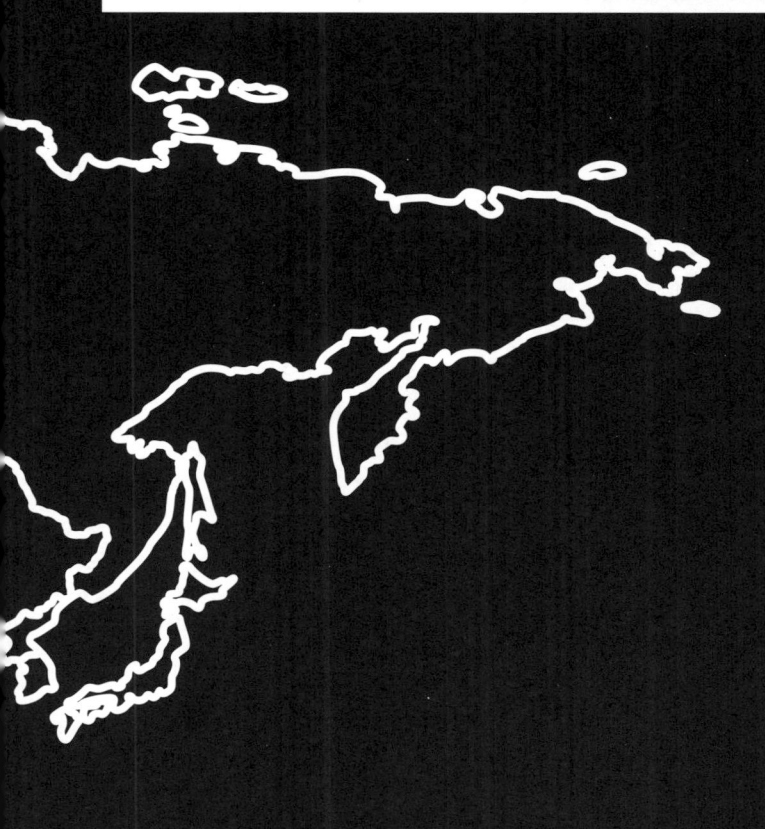

Vou começar este capítulo dizendo que em todas as minhas experiências mundo afora, a cultura que considero mais formal e extrema nas interações sociais, caracterizada por uma forte ênfase na hierarquia, é a asiática.

Outro aspecto que chama muito a minha atenção é a valorização da cultura do coletivo. O que isso quer dizer? **Significa que as necessidades do grupo muitas vezes têm precedência sobre as necessidades individuais**, e as decisões são frequentemente tomadas visando o bem-estar da sociedade como um todo.

Eu não sei se você já ouviu falar da expressão "face". A primeira vez que me deparei com ela foi quando levei um presente para um amigo asiático. A reação dele me chocou, pois, ao abrir o embrulho, ele disse: "Mas, Natália, agora você vai me fazer gastar dinheiro para poder te retribuir". Oi?

Se você nunca ouviu essa ideia, vou explicar um pouco sobre ela e sobre os valores intrínsecos que a envolvem, especialmente em países como China, Japão, Coreia do Sul e outros locais da Ásia Oriental. **Refere-se ao conceito de reputação, honra e respeito social. É uma noção complexa que envolve a percepção que os outros têm de você e da sua posição na sociedade.**

Em outras palavras, manter o "face" significa preservar uma imagem positiva perante os outros e evitar qualquer coisa que possa levar à perda de respeito ou prestígio. Isso pode incluir evitar confrontos públicos, manter a calma em situações estressantes e agir de acordo com as expectativas sociais e culturais.

Perder o "*face*", por outro lado, é visto como extremamente prejudicial e pode ter consequências significativas, tanto pessoal quanto profissionalmente. Por isso meu amigo deu tal resposta. Na cultura asiática, se você não retribui à altura, pode resultar em perda de respeito, desonrar a família e até mesmo afetar as oportunidades de emprego ou negócios.

Então, você, empresário que está pensando em expandir para a Ásia, por favor, entenda que o conceito do "face" está profundamente enraizado nas relações sociais e comerciais na região, influenciando a forma como as pessoas interagem umas com as outras, como os negócios são conduzidos e como os conflitos são resolvidos.

É de extrema importância que, ao interagir com pessoas da Ásia, você entenda e respeite esse conceito para evitar mal-entendidos. Saiba como construir relações sólidas e produtivas no continente asiático. Eu sempre dou esse exemplo em sala de aula quando ensino técnicas de persuasão: se quiser persuadir estrategicamente um asiático, coloque o "face" dele à prova – só não diga que fui eu quem deu essa dica.

> **"** ... AS NECESSIDADES DO GRUPO MUITAS VEZES TÊM PRECEDÊNCIA SOBRE AS NECESSIDADES INDIVIDUAIS."

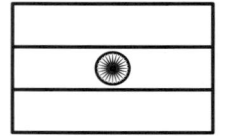

ÍNDIA

UMA AVENTURA CULTURAL NO MUNDO DOS NEGÓCIOS

A Índia é um mundo à parte, repleto de cores, sons, cheiros e sabores que desafiam qualquer senso de monotonia. Com uma população de mais de 1,4 bilhão de pessoas, é uma nação de contrastes, onde o passado e o futuro coexistem. Quando se trata de negociações internacionais, é um verdadeiro massala cultural: cheio de nuances, surpresas e peculiaridades que podem parecer, no mínimo, estranhas para os desavisados.

Lição número 1 aqui: esqueça a pressa. **Na Índia, o tempo é uma criatura elástica e maleável.** Se você está acostumado à pontualidade suíça ou ao pragmatismo americano, prepare-se para um choque. Um "sim" pode significar "sim", mas também pode significar "talvez", "não", ou até mesmo "precisamos pensar mais sobre isso". Tudo depende do tom de voz, do contexto e, muitas vezes, da leitura de sinais não verbais. Aqui, o *head bobble*, aquele balançar de cabeça que parece um "não", mas pode ser um "sim", deixa muita gente confusa e rindo de nervoso.

O conceito de hierarquia é outra peça central no quebra-cabeça indiano. Chefes são reverenciados e tratados com um respeito quase cerimonial, mas isso não significa que as decisões são tomadas de forma rápida ou sem consultar os diversos membros da equipe. É comum que reuniões sejam interrompidas por chamadas telefônicas ou até por alguém trazendo *chai* para todos. Aceitar essa xícara de chá é quase um contrato implícito de boa vontade.

E falando em boa vontade, a arte do *jugaad* reina com supremacia na Índia. O termo se refere a soluções criativas e improvisadas para resolver problemas. Na prática, significa que mesmo que algo pareça impossível ou fora dos padrões, os indianos darão um jeito. No entanto, o caminho para esse "jeito" pode ser sinuoso e cheio de reviravoltas.

Uma das coisas mais fascinantes na cultura indiana é a relação com o espaço pessoal. O conceito de "zona de conforto" é bem diferente. Enquanto na Europa se espera uma distância respeitosa entre os interlocutores, na Índia é comum que as pessoas fiquem a poucos centímetros de você durante uma conversa. Não se surpreenda se um cliente ou parceiro tocar seu braço para enfatizar um ponto, ou então aproximar-se para falar algo mais confidencial.

Outro detalhe curioso é a superstição. Horários e datas de reuniões podem ser ajustados de acordo com a astrologia ou a numerologia. Se você é do tipo pragmático, talvez ache difícil lidar com o fato de que um negócio só será fechado quando as estrelas estiverem "alinhadas". E não tente apressar o processo: o alinhamento cósmico pode ser tão importante quanto o contrato!

Ah, e um toque que costuma pegar muita gente de surpresa: a Índia é uma terra de dádivas, mas para presentear os habitantes há regras próprias. Ao entregar algo, use as duas mãos ou apenas a direita – a esquerda é considerada impura. E evite oferecer relógios ou itens feitos de couro, especialmente se o presenteado for um hindu ou um muçulmano praticante.

Negociar na Índia é como explorar um bazar vibrante e caótico: pode ser exaustivo, mas é sempre fascinante. Com paciência, flexibilidade e um sorriso no rosto, você encontrará um terreno comum, pode apostar. E se tudo mais falhar, lembre-se: um prato de *butter chicken* e uma boa conversa podem resolver quase qualquer impasse!

Vou aprofundar um pouquinho o nosso papo sobre as castas na Índia, pois esse assunto é como aquele elefante na sala: todos sabem que está lá, mas nem sempre é fácil falar sobre ele. Oficialmente, o sistema de castas foi abolido em 1950 com a Constituição indiana. **No entanto, essa influência persiste de forma invisível e tangível, moldando dinâmicas sociais, políticas e, claro, negociais.** Em ambientes de trabalho mais modernos, especialmente nas grandes cidades, essa influência é menos perceptível; mas no interior do país ou em contextos mais tradicionais, ela ainda desempenha um papel significativo.

Basicamente, o sistema de castas é dividido em quatro grandes categorias, conhecidas como *varnas*: os *brâmanes* (sacerdotes e professores), os *xátrias* (guerreiros e administradores), os *vaixás* (comerciantes e agricultores) e os *sudras* (trabalhadores e servos). Fora dessas categorias estão os *dalits*, historicamente chamados de "intocáveis", que enfrentaram séculos de discriminação e exclusão.

Qual é o impacto das castas nas negociações internacionais? Vem comigo...

Imagine que você está trabalhando com uma empresa familiar indiana de terceira geração. O fundador é de uma casta mercantil (*vaixá*), e essa identidade molda os valores e a abordagem do negócio. Você pode perceber uma forte ênfase na lealdade, no relacionamento de longo prazo e na preservação da tradição. Talvez o herdeiro mais jovem, educado no exterior, tenha uma visão mais moderna, mas ainda enfrentará a pressão da família para manter certas práticas. Saber disso pode ajudar você a ajustar sua abordagem, valorizando a relação pessoal acima de resultados imediatos.

Certa vez, uma amiga que fez mestrado comigo na Suíça me contou que a negociação da empresa do pai dela dependia do "guru" dele. Como assim? Bom, ela me contou que uma multinacional americana tentou firmar uma parceria com a empresa e foi pega de surpresa quando o pai dela interrompeu a negociação para consultar seu guru espiritual. Isso atrasou o processo por semanas, mas, quando o guru deu o aval, o negócio foi fechado rapidamente. Moral da história? **Na Índia, nem sempre é sobre lógica ou números, mas sobre respeitar as influências culturais – que podem incluir astrologia, conselhos de um líder espiritual ou superstições e tradições.**

Ainda sobre essa minha amiga do mestrado, eu a levei para almoçar sem saber que ela era *brâmane* e seguia uma dieta rigorosamente vegetariana. Imagine o desconforto ao ver que a opção principal era carne. Apesar do contratempo, ela riu e explicou que entendia as diferenças culturais. Mas e se fosse um parceiro comercial? Aquele detalhe poderia ter arruinado a relação em um cenário menos amigável. Na Índia, conhecer os hábitos alimentares, muitas vezes associados às castas, é essencial.

Algumas dicas podem ser valiosas como respeitar os gestos culturais: Cumprimentos simples como o *namastê* podem ser mais apropriados que apertos de mão, especialmente com mulheres.

Ter paciência: As negociações podem ser lentas porque relacionamentos pessoais são tão importantes quanto os resultados.

Entender o contexto local: Conhecer o pano de fundo cultural, incluindo as castas, pode ajudá-lo a evitar gafes e a construir confiança.

Adaptar-se às regiões: Cada estado tem suas particularidades culturais. Faça sua lição de casa e personalize a abordagem. Pesquise as particularidades do estado da pessoa ou da empresa com que você for negociar.

> **"A ÍNDIA É UM PAÍS ONDE A NEGOCIAÇÃO NÃO É SÓ UMA TROCA COMERCIAL, MAS UM ESPETÁCULO."**

Um detalhe fascinante sobre a Índia é que cada estado do país tem a própria língua, comida, os costumes e até a abordagem de negócios. O que funciona bem em Mumbai pode não funcionar em Chennai. Para os brasileiros, que veem próprio país como culturalmente diverso, saibam que a Índia é como um Brasil com esteroides culturais.

Um exemplo: você faz uma apresentação em Bangalore e percebe que sua referência cultural a Bollywood (cinema indiano) não surte o efeito esperado, porque ali o público prefere filmes regionais. Entende por que adaptar sua abordagem ao contexto local é essencial?

A Índia é um país onde a negociação não é só uma troca comercial, mas um espetáculo. Com paciência, flexibilidade e uma boa dose de curiosidade, você pode não apenas fechar negócios, mas também mergulhar em um universo rico e multifacetado que transforma qualquer experiência em uma aventura inesquecível!

CHINA

PLANEJAMENTO DE MILÊNIOS, EXECUÇÃO EM MASSA

Terra de pandas fofos, muralhas milenares e um kung fu cultural, a China pode deixar qualquer negociador estrangeiro atordoado. Se você acha que a chave para fazer negócios é apenas dominar números e estratégias, bem-vindo ao fascinante mundo do *guanxi*, onde relacionamentos são o verdadeiro dinheiro em caixa.

Vou começar pelo *guanxi*, porque sem ele você não sai do lugar. Essa palavrinha mágica é como um passe VIP para o sucesso na China. É sobre quem você conhece, o que fez por essas pessoas e o que elas podem fazer em troca. Imagine um jogo de tabuleiro no qual cada peça move outra peça – mas apenas se você construir confiança primeiro. Se você pensa que vai fechar um contrato só porque a proposta é boa, esqueça. Em terrar chinesas, o jantar de negócios é tão importante quanto a apresentação formal. Ah, e prepare-se para brindar bastante! O *baijiu*, um destilado fortíssimo, é o combustível de muitos desses encontros. Se você for fraco para álcool, tome muito cuidado, pois dizer "não" pode ser interpretado como uma ofensa.

E por falar em ofensas, eis uma das diferenças culturais mais bizarras e fascinantes: os chineses têm um cuidado extraordinário com a "face" que eu mencionei logo no início deste capítulo. Não, não é sobre cirurgia plástica; é sobre reputação, prestígio. Envergonhar alguém em público é um pecado mortal. Uma vez, uma empresa europeia criticou abertamente um parceiro chinês durante uma reunião. Resultado? Fim da negociação, e ninguém nem olhou para trás. **O segredo é a diplomacia. Não importa quão frustrado você esteja, guarde suas queixas para os bastidores ou aprenda a enrolar suas críticas em um embrulho de elogios.**

> " O SEGREDO É A DIPLOMACIA. NÃO IMPORTA QUÃO FRUSTRADO VOCÊ ESTEJA, GUARDE SUAS QUEIXAS PARA OS BASTIDORES OU APRENDA A ENROLAR SUAS CRÍTICAS EM UM EMBRULHO DE ELOGIOS."

Outra peculiaridade são os contratos. Se você está acostumado com termos fechados e bem amarrados, na China a coisa pode parecer um eterno *work in progress*. Os contratos são vistos como um ponto de partida, não um destino. Eles adoram a flexibilidade e esperam que você também. Isso pode ser enlouquecedor para quem gosta de preto no branco, mas, na lógica deles, é uma maneira de adaptar o acordo às mudanças de circunstâncias – ou então de renegociar até o último minuto, a fim de espremer mais vantagens.

Agora, prepare-se para um costume que eu chamo de "jogo dos copos d'água". Você entra numa sala de reuniões e a primeira coisa que nota é que sempre tem alguém enchendo seu copo com água quente. Isso é um **ritual sutil de hospitalidade e, de quebra, um lembrete de que você está em um território onde os pequenos detalhes significam muito.** Aceite o copo, tome um gole e sorria: é o equivalente cultural de um abraço caloroso.

Ah, mas nem tudo são flores. Você pode acabar preso na "estratégia do silêncio mortal". Os chineses são mestres em ficar quietos, observando e deixando você se contorcer de nervoso enquanto tenta preencher o silêncio. Isso é pura tática: eles sabem que a maioria dos estrangeiros não aguenta a pressão e acaba oferecendo concessões. A dica? Respire fundo, sorria e resista à tentação de falar mais do que deve. Vai por mim.

E se você acha que a pontualidade é um sinal de respeito, bem, aqui vai uma surpresa. Embora os chineses valorizem a pontualidade para começar reuniões, é totalmente normal que elas se prolonguem além do horário combinado. E não estranhe se, em pleno meio-dia, alguém sugerir fazer uma pausa para comer... em casa. Sim, muitos empresários chineses gostam de levar parceiros para um almoço na residência da família. Um desafio cultural? Sim. Uma oportunidade de ouro para estreitar laços? Com certeza.

Uma dica engraçada: esqueça o número quatro. É considerado azarado porque soa como a palavra "morte" em mandarim. Presentes, quantidades e até andares de prédio evitam o quatro como o diabo foge da cruz. Em compensação, o número oito é puro ouro, porque soa como "riqueza". Se quiser impressionar, sugira começar uma reunião às 8h08 ou, melhor ainda, ofereça um presente em um pacote dourado com oito de alguma coisa. Se seguir a minha dica e ver resultados positivos, pegue meu e-mail em algum canto deste livro e não deixe de me escrever contando como foi, eu vou adorar receber o seu relato!

Em resumo, negociar na China é como aprender *Tai Chi*: você precisa de equilíbrio, paciência e flexibilidade. Pode ser desafiador, mas também é um processo cheio de surpresas e recompensas. Com um pouco de jogo de cintura, um sorriso no rosto e uma boa dose de *guanxi*, você estará no caminho certo para conquistar não apenas negócios, mas também histórias incríveis.

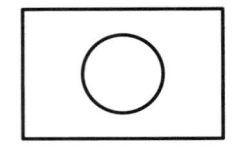

JAPÃO

A REVERÊNCIA QUE CALA O EGO

Terra do sushi, dos samurais e de um rigor cultural que pode transformar a mais simples negociação em um verdadeiro ritual. Se negociar na Índia é como dançar um musical exuberante, e na China é sobreviver a uma partida de xadrez silencioso, no Japão é como praticar origami: cada dobra tem seu significado, e qualquer deslize pode arruinar a harmonia do processo.

Primeiro, precisamos falar de *tatemae* e *honne*, dois conceitos fundamentais na cultura japonesa. *Tatemae* é a "face pública", aquilo que se diz ou faz para manter a harmonia social. Já *honne* é o sentimento ou opinião genuína que muitas vezes fica escondida. Durante negociações, significa que um japonês pode sorrir, acenar e parecer completamente a favor da sua proposta enquanto, internamente, ele está achando tudo inviável. E não, ele provavelmente não vai dizer nem dar sinais.

Então imagine que você está apresentando sua proposta de negócios. O cliente japonês escuta com atenção, sorri e até faz pequenos acenos. Você sai da reunião certo de que ganhou a conta, mas dias depois recebe um e-mail recusando a oferta. O que aconteceu? Aquele sorriso e os acenos eram *tatemae*, a forma educada de manter a harmonia. A recusa? Esse era o *honne*, a opinião real, comunicada indiretamente para não causar desconforto. **No Japão, "não" raramente é dito diretamente. É algo que você precisa captar no tom de voz, na hesitação ou até em um "precisamos pensar melhor".**

Agora, uma curiosidade que é quase lendária: a troca de cartões de visita, o famoso *meishi*. Não é só um gesto educado; é um espetáculo. Ao receber um cartão, segure-o com as duas mãos, analise-o com atenção (dê uma boa olhada no nome e na posição da pessoa) e jamais

– eu repito, jamais – o coloque no bolso de trás ou o trate de forma displicente. Isso seria uma afronta à dignidade do dono do cartão. O *meishi* é como uma extensão da identidade da pessoa. E não vai me dar uma de mané e escrever no cartão na frente do dono, hein? Isso é visto como desrespeito.

Outra grande diferença cultural no Japão é o tempo que se leva para tomar decisões. Se você acha que negociações podem ser lentas na China, espere até lidar com uma equipe japonesa. **No Japão, as decisões importantes raramente são tomadas por um único indivíduo. É necessário consenso, e isso significa que sua proposta provavelmente passará por várias reuniões internas antes de ter uma resposta.** A parte mais impressionante e boa? Quando a decisão é finalmente tomada, a implementação é quase instantânea. Esse processo reflete o *nemawashi*, uma prática de envolver todas as partes interessadas para garantir que todas estejam alinhadas antes de avançar.

E, claro, temos que falar de silêncio novamente, leitor querido. **No Japão, o silêncio é ouro. Um momento de pausa não é desconfortável; é respeitoso.** Os japoneses valorizam o tempo para refletir antes de responder, então não interrompa nem tente quebrar o silêncio com nervosismo. Pode ser difícil no começo, mas esses momentos são essenciais para construir confiança. Sabe o que eu faço? Eu começo a pensar, em detalhes, nas coisas que eu ainda tenho que fazer naquele dia e mantenho um sorriso enigmático no rosto.

Mas aqui vai um "miquinho" meu: uma vez, levei colegas japoneses para jantar e escolhi um restaurante badalado com pratos exóticos. Tudo parecia estar indo bem, até que a salada chegou... com pedaços de bacon caramelizado. Os japoneses ficaram visivelmente desconfortável, mas, fiéis ao *tatemae*, eles agradeceram e sorriram. E eu achando que com salada não tinha como dar errado. Pois teve. Servir carne de porco para um grupo no qual havia budistas não foi exatamente a melhor ideia. Fique muito atento a esses detalhes e sempre pesquise preferências culturais, especialmente alimentares.

Por fim, para mim, duas das diferenças mais fascinantes são a linguagem corporal e os níveis de formalidade. Um simples inclinar de cabeça pode transmitir respeito, desculpas ou gratidão, dependendo do ângulo e da duração. Um erro comum de estrangeiros é oferecer um aperto de mão muito caloroso enquanto, no Japão, toques físicos são mínimos. Um leve aceno de cabeça é mais que o suficiente, e a formalidade é sempre preferida.

Negociar com japoneses é como aprender a fazer sushi: exige paciência, atenção aos detalhes e uma dose saudável de humildade. Mas, uma vez que você ganha confiança, pode esperar um relacionamento de longo prazo, com lealdade e excelência que vão além de qualquer contrato. Afinal, **no Japão, a palavra de alguém tem tanto peso quanto uma assinatura.**

" NO JAPÃO, "NÃO" RARAMENTE É DITO DIRETAMENTE. É ALGO QUE VOCÊ PRECISA CAPTAR NO TOM DE VOZ, NA HESITAÇÃO OU ATÉ EM UM "PRECISAMOS PENSAR MELHOR"."

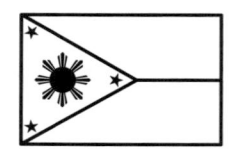

FILIPINAS

SORRIA — E APRENDA A DECIFRAR ENTRELINHAS TROPICAIS

Um arquipélago de mais de 7 mil ilhas repleto de paisagens paradisíacas, um povo caloroso e uma cultura de negócios que é uma mistura fascinante de influências asiáticas, espanholas e americanas. Fazer negócios nas Filiopinas é como entrar em um festival tropical: cheio de sorrisos, mas também com alguns desafios culturais que vão testar sua paciência e criatividade.

A primeira coisa que você precisa saber é que **os filipinos são especialistas em hospitalidade. O sorriso é praticamente a moeda nacional.** Mesmo nas negociações mais tensas, eles preferem manter um ambiente leve e amigável. Isso pode ser maravilhoso, claro, mas tenha cuidado! Nem sempre um sorriso significa que eles concordam com você. Os filipinos têm uma expressão chamada *hiya*, que é algo como vergonha ou constrangimento. Eles podem sorrir e acenar, mas isso pode ser apenas para evitar um confronto direto. É como um *tatemae* japonês, mas tropicalizado.

Se você fizer uma pergunta direta, como "Você acha que essa proposta funciona para vocês?", e eles responderem "talvez" ou "vamos ver", isso muitas vezes significa "não". Aprender a decifrar o que não é dito é um talento crucial nas Filipinas. Até por isso, evite dizer "não" diretamente. Como em muitas culturas asiáticas, dizer "não" de forma direta é visto como rudeza.

Outra coisa importante é entender a importância da hierarquia e dos relacionamentos pessoais. Em muitos casos, quem toma as decisões é o chefe, mas você raramente terá acesso direto a ele. Em vez disso, precisará conquistar a confiança da equipe intermediária antes de chegar ao "mandachuva". É aqui que entra o conceito de *utang na loob,* uma espécie de obrigação moral baseada em lealdade e gratidão. Se você fizer um favor ou demonstrar generosidade, isso será lembrado e, provavelmente, retribuído de maneiras inesperadas no futuro.

Agora, sobre algo que pode deixar os estrangeiros de cabelo em pé: o tempo filipino. *Filipino time* é uma expressão bem conhecida e refere-se à tendência de as coisas começarem com atraso. Reuniões marcadas para 10h00 podem na realidade começar às 10h30 ou até mais tarde. Para não se frustrar, planeje sua agenda com folga e leve isso como parte do charme local. Mas cuidado: se você é o estrangeiro, é esperado que chegue no horário, mesmo que eles atrasem!

Nas Filipinas, as pessoas adoram títulos. Se alguém é engenheiro, doutor ou advogado, vai esperar ser chamado assim sempre. Esquecer-se de usar o título pode ser visto como falta de respeito. Até mesmo o *sir* ou *ma'am* é usado frequentemente, às vezes até com um toque de humor.

Outro ponto importante para eu trazer aqui é sobre a relação com a religião: as Filipinas são profundamente católicas, graças à colonização espanhola. Isso significa que valores religiosos e moralidade muitas vezes influenciam decisões de negócios. Não é incomum que reuniões comecem ou terminem com uma oração, especialmente em empresas familiares. Esteja preparado para respeitar isso, mesmo que seja algo novo para você.

Querido leitor, você canta bem? Sim? Não? Talvez? Pois saiba que o karaokê é um passatempo nacional. Não se surpreenda se, depois de uma longa negociação, você for levado para um bar de karaokê. E prepare-se: sua disposição para cantar pode ser mais importante do que o conteúdo da sua proposta! Um amigo canadense me contou que fechou um grande contrato em Manila depois de arriscar "My Way", de Frank Sinatra. Moral da história? Às vezes, um microfone é mais poderoso que um PowerPoint.

INDONÉSIA

ONDE A CALMA É TÁTICA E O CONFLITO É EVITADO COMO TSUNAMI

Na Indonésia, negócios e relacionamentos andam de mãos dadas. Você pode ter o melhor plano do mundo, mas, se não criar laços pessoais com seus parceiros indonésios, ele pode não sair do papel. O conceito de *gotong royong*, que significa cooperação e ajuda mútua, permeia todos os aspectos da cultura. É como se dissessem: "Se não confiamos em você como pessoa, por que confiaríamos em seus negócios?".

Por isso, prepare-se para passar um bom tempo conhecendo seus parceiros. Espere convites para almoços, jantares e, em alguns casos, até eventos familiares. Sim, você pode acabar assistindo a um casamento ou uma cerimônia religiosa antes de fechar qualquer contrato. Lá, o relacionamento pessoal vale mais que uma proposta impecável.

O sorriso é a linguagem universal da Indonésia. Assim como nas Filipinas, os indonésios são famosos por sua hospitalidade e gentileza. No entanto, um sorriso pode ter significados variados: de felicidade e cordialidade a desconforto. Durante uma negociação, um sorriso pode esconder dúvidas ou até discordância, então fique atento aos sinais não verbais. Se eles começarem a evitar contato visual ou hesitarem antes de responder, é hora de ajustar a sua abordagem.

A "hora indonésia" também é famosa. Assim como nas Filipinas, os indonésios tendem a ser mais relaxados com pontualidade. Esse atraso cultural não é desrespeito, mas sim um reflexo de uma atitude mais descontraída em relação ao tempo. Então, respire fundo, aproveite o *kopi* (café indonésio, que é incrível) e pratique a paciência.

A Indonésia é o maior país muçulmano do mundo, sendo o quarto país mais populoso do mundo. Ou seja, a religião tem um papel significativo nos negócios. Isso não significa que você precisa ser religioso, mas respeitar as práticas locais é essencial. Durante o Ramadã, por exemplo, as reuniões podem ser mais curtas e os horários podem ser ajustados para acomodar os jejuns. Também é importante evitar oferecer álcool ou carne de porco, especialmente em almoços e jantares de negócios.

Dica da Naty: não leve vinhos caros como presente para um parceiro indonésio. O gesto, que parece atencioso, acabará causando desconforto, já que a maioria dos indonésios muçulmanos não consome álcool. Pesquise antes de oferecer qualquer presente, combinado?

Dar presentes é uma prática comum, mas há regras específicas. Evite usar papel branco, pois simboliza luto, ou oferecer algo muito extravagante, que pode causar desconforto. Um presente simbólico será muito mais apreciado.

A Indonésia é uma sociedade altamente hierárquica. Em uma sala de reuniões, o chefe é quem tem a palavra final, e é essencial mostrar respeito a ele. Um erro comum de estrangeiros é focar apenas a equipe técnica ou intermediária, ignorando o tomador de decisões. Seja educado com todos, mas reconheça que o líder é quem realmente importa.

Além disso, o tom formal é o preferido, sobretudo no início de uma relação comercial. Cartões de visita devem ser apresentados com as duas mãos, e usar títulos, como *bapak* (senhor) ou *ibu* (senhora), é uma maneira de demonstrar respeito.

Como em muitos lugares do mundo, na Indonésia muitas vezes as reuniões se estendem além do horário previsto, não porque sejam improdutivas, mas porque as pessoas gostam de garantir que todos os ângulos foram discutidos. Além disso, o ambiente deve ser harmônico, então espere conversas casuais antes e depois dos assuntos importantes.

Certa vez, eu tinha um trabalho em grupo para apresentar na universidade e eu estava tendo dificuldade em finalizar a apresentação com os colegas indonésios. Depois de vários encontros sem progresso, decidi convidá-los para um jantar casual. Durante a refeição, conversas fluíram, risadas aconteceram e histórias pessoais foram compartilhadas. No fim da noite, meu amigo sorriu e disse: "Agora que somos amigos, podemos fazer a apresentação juntos". Dias depois, estava tudo pronto – e antes do prazo!

Negociar na Indonésia é como visitar um mercado de especiarias: você encontrará aromas, surpresas e nuances que, à primeira vista, podem parecer avassaladores. Mas com paciência e respeito, você sairá com algo verdadeiramente valioso. Ah, e nunca subestime o poder de um bom café indonésio como quebra-gelo!

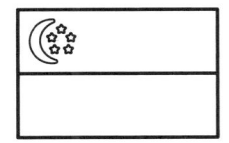

SINGAPURA

DIRETA AO PONTO, ONDE AS REGRAS MANDAM — E FUNCIONAM

Essa pequena cidade-estado no sudeste asiático é como o primo organizado e perfeccionista em uma família cheia de parentes caóticos. Com arranha-céus reluzentes, ruas tão limpas que você poderia comer no chão (embora eu não recomende, claro), e um sistema de metrô que parece um relógio suíço, Singapura é um lugar onde tudo funciona – mas negociar por lá é um jogo completamente diferente.

Se você acha que "meritocracia" é só uma palavra bonita, em Singapura ela é praticamente religião. A sociedade valoriza desempenho, competência e resultados. Negociações com singapurianos têm um foco claro: o que você está oferecendo e como isso trará benefícios concretos? Não adianta tentar enganá-los com apresentações pomposas ou promessas vagas; eles vão querer ver dados, números e provas de que você é tão bom quanto diz ser.

Essa obsessão com mérito vem desde o sistema educacional, no qual as crianças aprendem desde cedo que trabalho duro é a chave para o sucesso. Se você entra em uma negociação em Singapura sem estar preparado, não espere tapinhas nas costas. Eles não têm problema em dizer: "Obrigado, mas isso não é o que estamos procurando". E sabe o que é mais assustador? Eles farão isso com um sorriso impecavelmente educado.

Aqui está algo que deixa muitos estrangeiros confusos: enquanto em muitos países asiáticos oferecer um presente é um gesto de cortesia, em Singapura pode ser interpretado como um suborno. Sim, até mesmo um vinho ou um presente aparentemente inocente pode fazer sobrancelhas se arquearem. Isso porque o país tem uma política rigorosa contra a corrupção – e com razão! Sabia que Singapura é consistentemente classificada como uma das nações menos corruptas do mundo?

Se você realmente quer oferecer um presente, escolha algo simbólico, como uma lembrança cultural do seu país, e entregue em um ambiente informal, nunca em uma reunião de negócios. Evite qualquer coisa que pareça ostentação. Eles valorizam a modéstia, mesmo sendo um dos lugares mais ricos do planeta.

Se há um lugar onde a "pontualidade britânica" parece relaxada, esse lugar é Singapura. Chegar atrasado para uma reunião é visto como desrespeito. Por outro lado, chegar cedo demais pode deixá-los desconfortáveis. O segredo? Apareça exatamente no horário combinado – nem um minuto antes, nem depois. Na Suíça, é exatamente assim: nem um minuto antes nem um minuto depois. Aqui, o tempo é uma commodity preciosa, e desperdiçar o tempo de alguém pode custar mais que uma má proposta de negócios.

Singapurianos são conhecidos por sua eficiência e praticidade, mas isso não significa que são frios. Na verdade, eles têm um senso de humor peculiar e gostam de pequenas conversas, especialmente sobre comida. Sim, comida! Singapura é uma nação obcecada por gastronomia, e discutir qual é o melhor lugar para comer *chicken rice* pode ser a chave para quebrar o gelo.

Agora, a parte curiosa: enquanto muitos países asiáticos evitam dizer "não" diretamente, os singapurianos não têm problema com isso. Se não gostarem da sua proposta, você saberá de cara. Mas como são incrivelmente educados, é comum que eles temperem a rejeição com frases como "Talvez não seja o momento certo" ou "Vamos continuar explorando outras opções". É um "não", mas embalado para presente.

Importante: *chewing gum* é ilegal! Isso mesmo, chicletes são proibidos em Singapura desde os anos 1990, a menos que sejam para fins medicinais. Se você gosta de mascar enquanto pensa, melhor largar esse hábito antes de ir para lá.

Também conheça o famoso *kiasu*. Esse termo significa algo como "medo de perder" e reflete o espírito competitivo dos singapurianos. Eles querem estar à frente de tudo – seja na educação, nos negócios ou na fila para o melhor restaurante de *hawker food*. Saber disso ajuda você a ajustar a sua proposta, destacando como ela os ajudará a se manter na vanguarda.

Negociar em Singapura lembra um jogo de xadrez, mas em alta velocidade e em um tabuleiro impecavelmente organizado. Eles valorizam eficiência, dados concretos e respeito pelo tempo e pelo espaço pessoal. Se você chegar preparado, respeitar as normas culturais e manter sua abordagem prática e direta, pode esperar parcerias de longo prazo com um toque de classe singapuriana.

MALÁSIA

UM VERDADEIRO TESTE DE LEITURA CULTURAL EM TEMPO REAL

Uma joia multicultural do Sudeste Asiático onde o moderno encontra o tradicional, e um vibrante mosaico de etnias – malaios, chineses, indianos e muitas outras comunidades – transforma cada interação em uma aventura. Fazer negócios na Malásia é como aprender uma nova receita: há camadas de sabores, temperos inesperados e um processo que exige paciência e respeito.

O primeiro aspecto que chama atenção na Malásia é a diversidade cultural. Essa mistura de etnias enriquece o país e torna as negociações um pouco mais complexas. Malaios, chineses e indianos têm abordagens bastante diferentes em relação ao trabalho e aos negócios. Entender essas nuances pode ser a diferença entre o sucesso e o fracasso.

Os malaios, tendem a valorizar a harmonia, respeito e paciência. Negociações com eles são mais suaves, e é essencial evitar confrontos diretos. Os chineses-malaios são mais diretos e orientados para resultados, com foco em eficiência e pragmatismo. Eles podem ser mais "agressivos" nas negociações, mas isso não significa que não valorizem relacionamentos. Já os indianos-malaios colocam grande ênfase em relacionamentos e em discussões detalhadas. Eles adoram negociar, então esteja pronto para ajustar sua proposta várias vezes.

Na Malásia, a ideia de manter a harmonia é central. Conflitos abertos ou tons agressivos durante negociações são um grande "não". Se você precisar discordar de algo, faça isso com sutileza. Frases como "Talvez possamos explorar outra opção" ou "Gostaria de ouvir mais sobre a sua perspectiva" são muito mais eficazes do que uma rejeição direta.

Esse foco na harmonia também significa que, muitas vezes, as decisões demoram. Negociar na Malásia é um exercício de paciência, pois ninguém quer apressar nada que possa criar atritos ou desgastes desnecessários. Aprenda a relaxar e aproveite o café local enquanto espera.

A religião desempenha um papel importante na Malásia, especialmente o islamismo, que é praticado pela maioria da população. Isso afeta desde os horários de trabalho (com pausas para orações) até as refeições em reuniões de negócios, especialmente durante o Ramadã, quando muitos muçulmanos jejuam do amanhecer ao anoitecer.

Vou te dar algumas dicas:

- Não agende reuniões durante os horários de oração.
- Ao planejar um almoço ou jantar, evite oferecer bebidas alcoólicas ou carne de porco.
- Respeite as preferências religiosas ao cumprimentar as pessoas. Por exemplo, muitos muçulmanos preferem um leve gesto com a mão no peito em vez de apertos de mão.
- Enquanto em alguns países os presentes são evitados, na Malásia eles podem ser bem-vindos, mas há regras. Certifique-se de que o presente não seja extravagante, escolha algo simbólico, embalado de forma elegante (evite o papel branco, associado ao luto) e entregue com as duas mãos.
- Nunca dê bebidas alcoólicas para muçulmanos. Se você não tem certeza sobre a preferência religiosa, jogue seguro com algo neutro, como chocolates de alta qualidade.
- A mão esquerda no país é tabu. Evite usar a mão esquerda para dar ou receber algo, pois ela é considerada "impura". Mesmo em negociações, use sempre a mão direita ou então ambas, para mostrar respeito.

Na Malásia, o espaço pessoal é importante, e toques físicos desnecessários são evitados, especialmente com pessoas do sexo oposto. Além disso, a comunicação não verbal é sutil, e os gestos são minimizados. Por exemplo, apontar com o dedo é considerado rude; use o polegar ou a mão inteira para indicar algo. Se alguém desviar o olhar enquanto você fala, não se ofenda; isso é sinal de respeito, não de desinteresse.

Assim como em outros países asiáticos, os malaios preferem evitar o confronto direto. Isso significa que um "sim" pode significar "sim, talvez", "sim, mas tenho dúvidas" ou até "sim, mas vamos deixar para depois".

Aprenda a ler o contexto e o tom de voz. Perguntas abertas e esclarecimentos suaves são a melhor maneira de ter certeza do que realmente está sendo dito.

Uma curiosidade sobre o país: sapatos devem ser deixados na porta. Em muitas casas e escritórios malaios, você será solicitado a tirar os sapatos antes de entrar. Isso simboliza respeito e limpeza. Então, meu amigo, não vai me colocar uma meia furada porque você vai pagar mico!

A Malásia é uma sociedade hierárquica, e o respeito pelos mais velhos ou pelas figuras de autoridade é palpável. Durante as negociações, dirija-se ao líder primeiro, mas nunca ignore os outros membros da equipe. Cada pessoa desempenha um papel no processo, mesmo que em silêncio.

Você deve ter percebido que negociar na Malásia é como navegar em um rio calmo, mas cheio de curvas inesperadas. Você precisa de paciência, atenção aos detalhes e respeito pelas diferenças culturais. Quando você demonstra consideração pelas tradições e valores locais, abrem-se as portas para um relacionamento comercial duradouro. E, de quebra, você ainda pode se deliciar com o incrível *nasi lemak* (arroz de coco com acompanhamentos) enquanto aprende mais sobre esse país encantador. Afinal, na Malásia, até os negócios têm um toque de sabor!

" APRENDA A LER O CONTEXTO E O TOM DE VOZ."

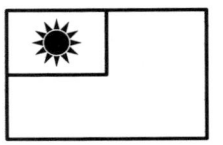

TAIWAN

NEGOCIAR SEM PRESSA, MAS COM PRECISÃO

Essa pequena ilha no leste da Ásia pode ser pequena em tamanho, mas é um verdadeiro **titã estratégico e econômico**. Um lugar onde alta tecnologia, cultura milenar e uma política internacional digna de novela se encontram. Negociar com taiwaneses pode ser tão complexo quanto fascinante, mas com um toque de humor e respeito, você pode se dar muito bem.

A posição estratégica de Taiwan é o tabuleiro do jogo global. O país é como aquele pedaço essencial de um quebra-cabeça: sem ele, nada funciona direito. Localizada no coração do leste asiático, entre a China continental, o Japão e o mar do Sul da China, **Taiwan está posicionada em uma rota comercial estratégica e é vital para o controle marítimo da região.**

Mas o que realmente coloca Taiwan no centro do mapa mundial são os semicondutores. Sim, esses pequenos chips que fazem nossos computadores, celulares e até carros funcionarem. A Taiwan Semiconductor Manufacturing Company (TSMC) é a gigante que produz mais de 50% dos chips do mundo. E ninguém consegue replicar essa capacidade tecnológica. Não é só tecnologia de ponta; é quase como mágica industrial.

Agora você entende por que todo mundo está tão de olho em Taiwan, né? Controlar a ilha é, em parte, controlar a economia global. E aqui entra a China, que vê o pequeno país não só como parte histórica e cultural de seu território, mas também como um trunfo estratégico para consolidar seu poder global. E aí, meu amigo, temos um cenário geopolítico que mistura economia, história e tensão digna de um filme de James Bond.

Mas vamos ao que interessa: como você, cheio de gingado, pode navegar no universo taiwanês e fazer boas negociações? Prepare-se, porque há um abismo cultural que pode tanto enriquecer quanto arruinar suas negociações.

Enquanto nós, brasileiros, temos aquele jeitinho para deixar as coisas mais flexíveis, os taiwaneses levam a pontualidade a sério. Se uma reunião está marcada para às 10h00, esteja lá às 9h55, com a proposta pronta e um sorriso cordial. Atrasos podem ser interpretados como desrespeito ou falta de compromisso.

E se no Brasil gostamos de começar reuniões com uma conversa casual, em Taiwan o foco será no negócio. Só depois, com a confiança estabelecida, é que as conversas pessoais entram em cena.

Para nós, é comum que um estagiário possa falar diretamente com o diretor e até arriscar um papo descontraído. Em Taiwan, isso é impensável. Respeite a hierarquia. Fale com os níveis apropriados e nunca "pule" etapas. Além disso, a figura do líder é muito respeitada, então dirija-se a ele primeiro e com toda a formalidade. Ao mesmo tempo, não fique grudado no chefe. Os taiwaneses valorizam o grupo. Então, dar atenção apenas ao líder pode soar como desconsideração com os outros membros da equipe. Equilibre sua abordagem e envolva todos na conversa.

Os taiwaneses, assim como os chineses, valorizam muito a preservação da "face". Isso significa evitar situações que possam causar constrangimento público ou humilhação. Não critique uma ideia abertamente em uma reunião; em vez disso, opte por uma abordagem diplomática e particular.

E lá vem a hora do chá de novo! Antes de uma negociação, em Taiwan o ritual do chá é um gesto de hospitalidade. Aceite a bebida, tome pequenos goles e não recuse, mesmo que você seja viciado em café. É um excelente começo para construir confiança.

Negociar em Taiwan é como montar um quebra-cabeça delicado: você precisa de paciência, precisão e, acima de tudo, respeito pelas nuances culturais. **Apesar de ser um gigante tecnológico, Taiwan mantém um pé firme em suas tradições, e saber navegar entre esses dois mundos pode ser a chave para o sucesso.** E, claro, enquanto estiver por lá, não deixe de provar o famoso *bubble tea* e explorar os mercados noturnos. Afinal, negócios e cultura são sempre melhores com um toque de sabor!

BUTÃO

FELICIDADE É KPI

Esse pequeno reino no Himalaia é um lugar que parece ter saído de um conto de fadas. Com paisagens montanhosas deslumbrantes, mosteiros que desafiam a gravidade e um povo que mede o progresso pelo Índice de Felicidade Interna Bruta (sim, você leu certo!), o Butão é tão único que até negociar por lá é uma aula de espiritualidade e paciência.

A felicidade não é só um objetivo; é uma política de estado. Isso significa que os negócios não são apenas sobre lucro, mas também sobre impacto social, ambiental e espiritual. Antes de apresentar uma proposta, pergunte-se: "Como isso beneficia a comunidade e a natureza?". Se você chegar com uma abordagem puramente capitalista, é bem provável que sua ideia não vá muito longe em uma mesa butanesa.

Imagine negociar com alguém que realmente quer saber se o projeto que você está oferecendo vai tornar as pessoas mais felizes. É sério! Um amigo estadunidense, uma vez, tentou abrir uma cadeia de fast-food no Butão, mas sua proposta foi rejeitada porque o governo acreditou que isso prejudicaria os hábitos alimentares tradicionais e, por consequência, a felicidade geral. Viu que não estou exagerando?

Embora o Butão esteja gradualmente se modernizando, suas tradições são sagradas. Muitos butaneses ainda usam vestimentas tradicionais, como o *gho* (para homens) e a *kira* (para mulheres), em contextos formais, incluindo negociações. Isso não significa que você precisa aparecer de roupa tradicional, mas demonstre respeito pela cultura local.

A espiritualidade é um aspecto central da vida no Butão, e isso se reflete até nas negociações. Antes de uma reunião importante, não se surpreenda se o seu anfitrião sugerir a visita a um mosteiro ou realizar uma pequena cerimônia para buscar boas energias. Aceitar esses convites também é uma maneira de construir confiança.

> **"A FELICIDADE NÃO É SÓ UM OBJETIVO; É UMA POLÍTICA DE ESTADO."**

No Butão é tudo sobre paciência e equilíbrio. As negociações podem levar tempo porque eles valorizam decisões coletivas e ponderadas. Então, se você está acostumado a resolver tudo na base do entusiasmo e da rapidez, prepare-se para desacelerar.

Além disso, a hierarquia importa – sobretudo a hierarquia espiritual. Monges e líderes religiosos têm grande influência, e muitas decisões de negócios levam em conta conselhos espirituais. Respeitar essa dinâmica é crucial.

No país, a natureza é mais do que um cenário. Projetos que impactam negativamente o meio ambiente terão resistência automática. Quer impressionar? Mostre como sua proposta promove sustentabilidade e respeita a biodiversidade local.

Dica de outo: vá sem pressa, mas com significado. No Butão, cada etapa de uma negociação tem um significado profundo. Até os silêncios são intencionais e nunca devem ser apressados. Se seus parceiros ficarem em silêncio, não tente preencher o vazio com conversa fiada; apenas respire fundo e espere.

E você já sabe, né, meu amigo leitor, que o chá tudo resolve. O chá com manteiga de iaque é uma tradição local. Durante negociações, você provavelmente será convidado a tomar várias xícaras. Aceite com gratidão e tente se acostumar ao gosto peculiar, pois recusar pode ser visto como um sinal de desinteresse. (Mas cá entre nós, eu não sei o que é pior no chá: o leite da Inglaterra ou a manteiga do Butão.)

Por fim, nada de tecnologia exagerada. Enquanto muitos países estão obcecados com apresentações em PowerPoint e gráficos 3D, no Butão, menos é mais. Papéis simples, conversas cara a cara e até mesmo demonstrações práticas são mais eficazes do que uma apresentação digital que só confunde os ouvintes.

Negociar no Butão é como uma meditação em grupo: precisa de calma, respeito e um profundo senso de propósito. Se você se aproximar com paciência, mente aberta e uma proposta que reflita valores de felicidade, sustentabilidade e comunidade, será recebido de braços abertos, pode apostar. E quem sabe, além de fechar um negócio, você não sai de lá com uma nova perspectiva de vida? Afinal, no Butão, até os negócios têm alma!

COREIA DO SUL

HIERARQUIA QUE DANÇA COM TECNOLOGIA

Um país onde a modernidade e as tradições coexistem com a harmonia de um K-drama. De arranha-céus futuristas a palácios ancestrais; de empresas globais, como Samsung e Hyundai, a mercados de rua cheios de *kimchi* (conserva fermentada de vegetais), negociar na Coreia do Sul é tão fascinante quanto comer um churrasco coreano com todos aqueles acompanhamentos – intenso, cheio de camadas e, se feito corretamente, extremamente gratificante.

A vida profissional lá é como jogar *baduk* (o jogo de tabuleiro estratégico conhecido como *go*): paciência, estratégia e antecipação são indispensáveis. Eles valorizam relacionamentos, hierarquia e, claro, resultados. Mas antes de se jogar de cabeça em reuniões e contratos, você precisa entender a base cultural que sustenta as interações coreanas.

Nunchi é a leitura do ambiente. Os coreanos são mestres em *nunchi*, que pode ser traduzido como a "habilidade de perceber o que não é dito". **Em uma negociação, eles vão observar cada detalhe: sua postura, seu tom de voz, sua linguagem corporal. Um sorriso forçado ou uma pausa muito longa podem ser interpretados como incerteza ou falta de confiança. Por outro lado, demonstrar empatia e respeito sutil pode abrir portas sem esforços.**

Na Coreia do Sul, a hierarquia é quase sagrada. A posição na empresa, a idade e até mesmo o status educacional desempenham um papel importante. O líder do grupo é a voz final, e qualquer ideia precisa ser apresentada de forma a não desrespeitar essa estrutura e a valorizar a opinião do chefe.

Diferente de países como Singapura, onde presentes são evitados, na Coreia do Sul eles são parte importante da etiqueta de negócios. Escolha algo simbólico e de alta qualidade, mas sem exageros. Embalagens bonitas são tão importantes quanto o presente em si. E nunca, jamais, entregue algo com uma mão só: use sempre as duas mãos para mostrar respeito.

Na Coreia do Sul, a mesa de jantar é tão importante quanto a sala de reuniões. É comum que negociações sejam complementadas com refeições que incluem *soju* (a famosa bebida alcoólica coreana) e uma infinidade de pratos compartilhados. Nesse país, você será julgado por sua habilidade de participar desse ritual: aceite o primeiro copo de *soju* servido pelo anfitrião, mas conheça o seu limite, porque dizer "não" de forma abrupta pode ser interpretado como descortesia.

Há tensão, pausas dramáticas, momentos de conexão profunda e, se você fizer tudo certo, um final feliz. Respeite a hierarquia, demonstre paciência e esteja aberto a adaptar-se às nuances culturais. E, claro, esteja sempre preparado para brindar e, quem sabe, aprender um pouco mais sobre a fascinante cultura coreana. Com o equilíbrio certo de estratégia e empatia, você pode se tornar um verdadeiro protagonista no mundo dos negócios sul-coreanos!

> **"NEGOCIAR NO BUTÃO É COMO UMA MEDITAÇÃO EM GRUPO: PRECISA DE CALMA, RESPEITO E UM PROFUNDO SENSO DE PROPÓSITO."**

CAPÍTULO 6:
AMÉRICA LATINA

América Latina é um verdadeiro laboratório cultural, onde cada país guarda surpresas e desafios únicos. Dos xingamentos carinhosos da Argentina à rigidez chilena, cada experiência me ensinou que a melhor maneira de navegar por essas diferenças é com respeito, curiosidade e, claro, uma boa dose de humor. Afinal, se você não aprender a rir de si mesmo, os outros farão isso por você!

Estudar, trabalhar e viajar pela América Latina foi como viver uma novela cheia de reviravoltas culturais. Durante meus anos universitários em Buenos Aires, trabalhos de campo acadêmicos, feiras internacionais e congressos, conheci a fundo as peculiaridades de cada país e, claro, passei por situações hilárias – e às vezes constrangedoras – que só um brasileiro pode entender. Aqui estão algumas das melhores (e mais marcantes) histórias dessa jornada.

> **"A AMÉRICA LATINA É UM VERDADEIRO LABORATÓRIO CULTURAL, ONDE CADA PAÍS GUARDA SURPRESAS E DESAFIOS ÚNICOS."**

ARGENTINA

XINGAMENTOS CARINHOSOS E A ARTE DE SER "UNA BOLUDA"

Foi em Buenos Aires que vivi alguns dos anos mais intensos e trans-formadores da minha vida. Eu fui verdadeiramente feliz lá — com uma liberdade que, até então, não sabia que existia. Vivi momentos únicos, conheci pessoas incríveis que até hoje fazem parte da minha história. Buenos Aires me deu tanto... Foi lá que conheci o amor da minha vida, meu marido. Foi lá que tomei meu primeiro porre com amigas que viraram irmãs. Foi em Buenos Aires que eu conheci uma das pessoas mais lindas e puras com quem já cruzei pelo caminho, Viviane Borges. Foi lá que descobri que entre o preto e o branco existe um arco-íris inteiro de possibilidades, e que antes de julgar ou achar que você entende alguém ou alguma situação é preciso observar, escutar e, sobretudo, compreender. Foi em Buenos Aires que fiz minha primeira entrevista de emprego — primeiro na agência de viagens do melhor amigo do meu pai, Juan Carlos Greco, depois, por mérito próprio, consegui outra vaga sem ninguém me indicar, apenas pelo meu esforço. Eu estudava de manhã e trabalhava à tarde, em plena crise econômica, com o país dolarizado e o desemprego assolando a população. Para um brasileiro, viver ali nos anos 2000 era um desafio financeiro enorme — e meu pai se sacrificava muito para que eu tivesse aquela oportunidade. Na minha sala de aula, éramos 80 alunos, e apenas quatro tinham um trabalho fixo. Eu era a única que atuava na área em que estudava. Uma conquista que carrego com muito orgulho, especialmente por ser uma estrangeira que decidiu não apenas sobreviver, mas florescer num solo que não era o seu — mas que me acolheu de braços abertos e moldou para sempre quem sou.

Quando me mudei para Buenos Aires para fazer minha primeira graduação universitária, achei que estava preparada para lidar com os argentinos. Na época, eu tinha acabado de completar 18 anos e estava a caminho de aprender meu terceiro idioma. Mas bastou a primeira semana de aula para perceber que entender o idioma era só metade da batalha.

Foi durante um estudo em grupo que ouvi algo de um moço que parecia parente do Antônio Banderas é meu grande amigo até hoje, "o Giampa" – Gustavo Giampaolo. Ele me deixou confusa e, confesso, até um pouco ofendida: *"Che, boluda, passa el marcador"*. "Boluda"? Como assim? Ele mal me conhecia e já estava me chamando de... gorda? Quando me explicaram o significado, percebi que era ainda pior: estava me chamando de... boba? Sim, estava!

Logo descobri que, na Argentina, *boludo* e *pelotudo* são quase termos de carinho entre amigos. Quanto mais próximo você é, mais eles "te xingam" – mas no bom sentido. Só que, para mim, isso foi um choque cultural. Durante uma aula prática, um colega que se tornou um amigo querido para toda a minha vida, Gerardo de Luca,me pediu um favor e acrescentou: *"No seas una flor de pelotuda"*. Eu fiquei parada, sem saber se ele estava brigando comigo ou se isso era normal. Resultado? Levei a situação tão a sério que respondi com um *"perdón"* todo sem graça, arrancando risadas de todos.

E não se engane: os argentinos têm o hábito de gesticular e falar alto – o que pode soar como uma briga iminente. No fim das contas, aprendi a relaxar e até comecei a usar os xingamentos (com moderação, claro).

Quando retornei ao Brasil, comprei um cachorrinho da raça alemã *dachshund* – ou salsichinha – e o batizei de Poronga. Quando meus amigos argentinos descobriram minha escolha pelo nome, virou uma piada entre nós. Eles brincavam, dizendo: *"Imaginen a una vieja pasando la mano en Poronga por la calle y diciendo: ¡Qué lindo!"*. Querido leitor, vale buscar o significado de *poronga* para você compreender o tamanho da minha gafe e quanto eu me divirto pelo mundo com os meus micos...

Ainda sobre a Argentina, você conhece o ritual do mate? Os nossos gaúchos do Rio Grande do Sul conhecem bem, pois também têm essa tradição enraizada na cultura. Mas você sabia que essa bebida não é apenas um chá? É um verdadeiro símbolo cultural, um ritual diário e, acima de tudo, uma forma de conexão social. Para nós, brasileiros, acostumados com a ideia de cada um com sua xícara ou garrafa, o conceito de compartilhar um único mate – e o mesmo canudo – pode ser um pouco desafiador. E, sejamos honestos, até desconfortável.

Minha primeira experiência com o mate compartilhado foi durante meus estudos em Buenos Aires. Estávamos em um grupo de pesquisa na universidade, e um dos colegas argentinos tirou a cuia, a erva-mate e a garrafa térmica como quem tira o celular do bolso – um movimento natural e quase automático. Ele começou a preparar o mate com precisão, despejando a água quente na medida certa, e, então, deu o primeiro gole. Quando terminou, estendeu a cuia para mim. Confesso que entrei em pânico.

Eu olhei para a cuia, depois para ele, e pensei: *Mas eu vou ter que beber no mesmo canudo que ele?* Meu instinto gritou "não!", mas, ao mesmo tempo, algo me dizia que recusar seria um erro. Então, hesitei. Meu colega percebeu a pausa e, com um sorriso descontraído, disse: *"Tomá tranquila, es nuestra tradición"*. Naquele momento, percebi que recusar o mate poderia ser interpretado como um ato de rejeição, quase como dizer que eu não queria fazer parte do grupo. "

No contexto argentino, o mate é um gesto de confiança e proximidade. Compartilhar a mesma cuia é uma forma de demonstrar que você está no mesmo círculo, que existe um vínculo de amizade ou, pelo menos, de camaradagem. Recusar, sem uma boa explicação, pode ser visto como desrespeitoso ou até grosseiro. Para eles, o ato de dividir o mate transcende qualquer preocupação com higiene – é um símbolo de comunidade e igualdade.

Por outro lado, para alguém que não está acostumado, como eu, é difícil ignorar o desconforto inicial. Lembro que, depois de dar um gole tímido, tentei disfarçar minha expressão enquanto passava a cuia adiante. O colega do lado percebeu e brincou: *"No te preocupes, el mate no mata, une"*. Foi só então que relaxei e comecei a entender o significado por trás do ritual.

Se você não se sente confortável com a ideia de compartilhar, a dica é ser honesto, mas educado. Explique que, por uma questão pessoal, prefere não tomar. Dizer algo como: *"No estoy acostumbrada, pero me encantaría aprender más sobre la tradición"* pode mostrar respeito pela cultura sem causar mal-entendidos.

E se decidir experimentar, aproveite o momento. É uma oportunidade de mergulhar em uma tradição única e, quem sabe, até se apaixonar por esse ritual que une tantas pessoas na América Latina.

Ao realizar negociações internacionais com argentinos, reconheça o orgulho argentino que eles têm de sua cultura, sua história e sua realizações. Elogiar algo a gastronomia, a literatura (Jorge Luis Borges é um ícone) ou o tango é uma forma de criar empatia. Faça sempre comentários positivos e verdadeiros, como: "A Argentina tem uma das culturas mais ricas que já conheci". Pequenos gestos de admiração podem abrir muitas portas.

A nosso vizinho sul-americano tem uma cultura de negociação intensa. É esperado que você barganhe e revise propostas. Dica da Naty: deixe espaço na sua proposta inicial para ajustes. Eles respeitam quem negocia bem, sem parecer inflexível.

A economia e a política argentina são temas sensíveis e muitas vezes polêmicos. Evite iniciar conversas sobre esses tópicos, a menos que eles mencionem primeiro, e mesmo assim, seja diplomático. Foque aspectos positivos, como inovação e potencial do mercado. Se o assunto inevitavelmente surgir, opte por ouvir mais do que opinar.

Os argentinos são muito parecidos com os italianos e valorizam relações pessoais acima de formalidades contratuais. Criar confiança é tão ou mais importante que os termos escritos no papel. Construa relacionamentos antes de insistir em detalhes contratuais. Demonstre interesse em uma parceria de longo prazo com frases como: "Vejo isso como uma oportunidade de crescermos juntos".

Como eu já falei, os quase três anos que vivi em Buenos Aires foram de muita felicidade e aprendizado. Foi lá que deixei de ser uma menina e me transformei em mulher. Aprendi sobre diferenças culturais, mergulhei profundamente em temas que me apaixonaram – como a teoria das artes, com as três grandes artes: pintura, escultura e arquitetura –, e ainda aprendi um novo idioma.

Fiz amigos que levo para a vida toda, e sempre que volto a Buenos Aires, sinto que estou em casa.

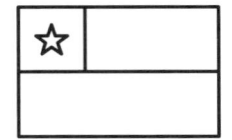

CHILE

A FORMALIDADE QUE ME DEIXOU SEM GRAÇA

Minha primeira experiência no Chile foi durante uma feira internacional em Santiago, quando precisei apresentar um projeto acadêmico para um público misto de empresários e pesquisadores. Acostumada ao estilo brasileiro, comecei minha apresentação de forma bem leve e descontraída. Foi um erro.

No Chile, especialmente em ambientes formais, humor não é a melhor estratégia. A plateia me olhou como se eu tivesse acabado de contar a piada mais sem graça do mundo. Percebi que o público chileno prefere apresentações objetivas e formais – e que minhas piadas eram mais apropriadas para um *happy hour*.

Mas o verdadeiro mico aconteceu quando, durante um jantar, tentei dividir a conta. O anfitrião me corrigiu educadamente: *"Aquí, quién invita, paga"*. Aprendi que, no Chile, o ato de pagar é quase sagrado. Desde então, evitei oferecer dinheiro em mesas chilenas, mas nunca deixei de agradecer o gesto generoso.

Ao negociar com os chilenos, saiba que eles têm muito orgulho de sua história e de sua identidade. Comparações com outros países da América Latina, mesmo que bem-intencionadas, podem não ser bem recebidas. Acredite em mim e, por favor, não faça isso. Foque os pontos fortes do Chile, como sua economia estável, vinhos de renome ou paisagens únicas.

O Chile tem uma economia forte em áreas como mineração (cobre, lítio), vinhos, agricultura, energia renovável e tecnologia. Negociar nesses setores requer conhecimento do contexto local. Demonstre como sua proposta pode agregar valor em áreas estratégicas. Use exemplos reais e personalizados para ter de chegar ao negócio fechado!

MÉXICO

A PICÂNCIA E O ABRAÇO
NO DESCONHECIDO

Ai, o México, com suas cores, música e... pimenta. Minha primeira viagem para Tijuana foi para participar de um congresso acadêmico. Entre as palestras, sempre havia refeições maravilhosas. Mas foi em um almoço que cometi o erro clássico de não entender quando me disseram: *"Este plato está caliente"*.

Depois de dois bocados, já estava com lágrimas escorrendo pelo rosto, e a única coisa que consegui dizer foi: *"¡Agua, por favor!"*. Meus colegas mexicanos caíram na gargalhada e explicaram que, para eles, *caliente* significa "picante e suportável para quem nasceu comendo jalapeños". A eu achei que o prato estava simplesmente quentinho e gostoso... Então, meu amigo leitor, fique esperto!

Além da comida, outra experiência marcante foi o calor humano. Em um jantar após o congresso, fui recebida com tantos abraços que me senti em casa. No México, o abraço vem com intensidade, quase esmagador – e você precisa retribuir com o mesmo entusiasmo. Era como estar no Brasil, mas em um nível elevado.

Os mexicanos costumam ser amigáveis e calorosos durante as negociações, mas isso não significa que vão ceder facilmente. **Eles são negociadores habilidosos e podem testar sua flexibilidade antes de fechar acordos.** Mantenha a cordialidade, mas saiba defender seus pontos. Antecipe-se e deixe margem para negociação na proposta inicial.

Como em muitos países latino-americanos, a burocracia pode ser um obstáculo. Processos podem ser demorados e envolvem várias etapas. Dica: **trabalhe com um parceiro local para entender o sistema e tenha paciência.** Demonstrar flexibilidade e preparação pode ajudar a superar esses desafios.

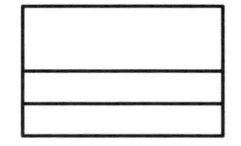

COLÔMBIA

DANÇANDO E DECIFRANDO SINAIS

A Colômbia foi uma surpresa deliciosa! Após um evento, nossos anfitriões nos levaram para um jantar que rapidamente virou uma pista de dança improvisada. Como brasileira, achei que estava preparada para qualquer ritmo. A realidade? Descobri que minha habilidade no samba não me salvava na salsa.

Enquanto tentava acompanhar os passos rápidos, meu parceiro de dança disse: *"Relájate, deja que la música te lleve"*. Fácil falar, difícil fazer. O mico ficou completo quando pisei no pé dele pela terceira vez e ele disse, rindo: *"Si no puedes bailar salsa, al menos sonríe"*. Eu estava era "tiririca" da vida por aquele homem achar que eu não sabia dançar e me deixar levar pela vibração da música. Mas saiba que a música colombiana tem esse poder: te faz rir até dos próprios tropeços.

Ao negociar na Colômbia, tome cuidado com a linguagem corporal, pois gestos podem transmitir mensagens fortes. Por exemplo, cruzar os braços pode ser visto como defensivo, e apontar com o dedo pode parecer rude. Mantenha uma postura aberta e use gestos amigáveis, como acenos leves de cabeça para mostrar concordância. Evite exageros, observe como eles se comunicam e ajuste sua linguagem corporal de acordo com o contexto.

Embora contratos sejam essenciais, na Colômbia, um compromisso verbal ou "palavra dada" ainda carrega muito peso. Romper um acordo informal vai prejudicar sua reputação. Honre compromissos informais com a mesma seriedade de um contrato. Isso mostra que você respeita as tradições locais de confiança e ética.

> **"EMBORA CONTRATOS SEJAM ESSENCIAIS, NA COLÔMBIA, UM COMPROMISSO VERBAL OU "PALAVRA DADA" AINDA CARREGA MUITO PESO."**

URUGUAI

A PACIÊNCIA COMO ESTRATÉGIA NOS NEGÓCIOS

Negociar no Uruguai foi uma experiência inesperada e cheia de aprendizados. Acostumada com a velocidade e a objetividade das reuniões no Brasil, onde muitas vezes tentamos resolver tudo em um único encontro, cheguei a Montevidéu com a mesma mentalidade. Foi aí que percebi que, no Uruguai, os negócios não são apressados – eles têm o próprio tempo.

Durante uma reunião com uma empresa local, preparei uma apresentação clara e objetiva, com dados, projeções e até algumas ideias de fechamento de contrato. Entrei com o pé na porta (figurativamente, claro), mas, logo no início, percebi que o ritmo da conversa seria diferente. Eles queriam começar falando sobre tópicos completamente fora do escopo: o clima, as praias de Punta del Este e até mesmo as diferenças entre o Carnaval brasileiro e uruguaio.

Fiquei inquieta, pensando: *Será que vamos chegar ao ponto principal?* No fim do primeiro encontro, saí com a impressão de que não havia avançado nada. Só depois entendi que, para os uruguaios, construir um relacionamento pessoal é a base de qualquer parceria. Eles preferem criar confiança e afinidade antes de falar diretamente de negócios.

Quando o segundo encontro aconteceu, o tom começou a mudar. Os dados que apresentei foram recebidos com interesse, mas só depois de uma longa conversa sobre futebol – onde o nome do jogador Suárez foi mencionado mais vezes do que as margens de lucro. Quando finalmente chegamos ao acordo, entendi que o processo havia sido muito mais sólido porque eles confiavam em mim, e não apenas no que eu estava oferecendo.

PERU

O RESPEITO À TRADIÇÃO CULINÁRIA

Em Lima, fui apresentada ao famoso *cuy* (porquinho-da-índia). Achei que estava pronta para aquele desafio culinário, mas ver o prato decorado com o animal inteiro me deixou em choque. Sabendo que recusar seria falta de educação, me conhecendo e sabendo que experimentar esse prato estava dentro dos meus limites, resolvi aceitar, e para minha surpresa, não foi tão ruim assim – mas confesso que o choque visual foi difícil de superar.

O Peru é um país com muito orgulho de sua cultura e isso impacta bastante nas negociações internacionais. Perdura no país uma herança cultural rica e única, profundamente enraizada na civilização inca e em outras culturas pré-colombianas. Esse orgulho nacional não é apenas uma questão de identidade; ele molda comportamentos, valores e a forma como os peruanos conduzem negócios. Reconhecer e respeitar essa herança cultural cria empatia e confiança – dois elementos cruciais.

A civilização inca, uma das maiores da América do Sul, deixou um legado que ainda ressoa no Peru moderno. Muitos valores e comportamentos que surgem em negociações cultivam esses paralelos.

Por exemplo, **os incas viviam sob o princípio do ayni, que significa "reciprocidade ou troca mútua". Essa ideia de "Eu te ajudo hoje, e você me ajuda amanhã" permeia a mentalidade peruana até hoje. Em negociações, isso se traduz no valor dado a parcerias de longo prazo, na qual ambas as partes se beneficiam.** Propostas que mostram equilíbrio e benefício mútuos são bem recebidas. Frases como "Este acordo fortalecerá ambos os lados" ressoam positivamente.

A cultura inca tinha um vínculo espiritual com a natureza, particularmente com a Pachamama, a Mãe Terra. Esse respeito se reflete hoje no forte orgulho pelos recursos naturais do Peru, como biodiversidade, minerais e agricultura. Por isso, projetos que demonstram consciência ambiental ou benefícios para a comunidade local ganham força. Por exemplo, no setor de mineração, empresas que investem em práticas sustentáveis têm maior aceitação.

Os incas eram organizados em um sistema hierárquico com um líder central, o Sapa Inca, que detinha autoridade máxima. Embora o Peru moderno tenha estruturas mais flexíveis, o respeito pela autoridade ainda é forte. Em uma negociação internacional com peruanos, é importante identificar quem é o tomador de decisões. Respeitar hierarquias e evitar ultrapassar demonstra entendimento cultural.

Os incas tinham grande apreço por seus símbolos, como o Sol (deus Inti) e a *Chacana* (cruz andina). Esses elementos ainda aparecem em festas e na cultura popular peruana, mantendo viva uma conexão emocional com o passado. Dica da Naty: demonstrar conhecimento sobre a cultura local, mencionando algo de Machu Picchu, tradições incas ou festas nacionais, pode criar um ambiente mais amigável.

Por fim, como o orgulho cultural influencia negociações internacionais com o Peru? Os peruanos valorizam sua singularidade e sua identidade cultural e podem desconfiar de empresas ou parceiros que ignorem ou minimizem essa força. Negociações que desconsideram a cultura local podem ser vistas como arrogantes ou desinteressadas.

Quer um exemplo prático? Em uma negociação no setor de turismo, destacar o impacto positivo do projeto para as comunidades locais e a preservação da herança inca é essencial para ganhar a confiança do parceiro peruano. Cuidado ao introduzir ideias estrangeiras. Embora os peruanos sejam abertos à globalização, não invista em projetos ou propostas que desrespeitam ou diluem as tradições locais.

Negociações no setor de exportação de recursos naturais, como café ou quinoa, devem destacar como o projeto também beneficiará os produtores locais e as comunidades agrícolas. Use símbolos e valores para criar conexão e reconhecer a herança inca, mesmo em um contexto corporativo.

Demonstrar respeito pelos valores culturais no Peru e integrá-los de forma genuína em sua abordagem tem o poder de transformar negociações em parcerias sólidas e duradouras.

VENEZUELA

O RANGO É SAGRADO
(E O MICO TAMBÉM)

Se tem algo que você precisa saber sobre a Venezuela é que, por lá, comida é coisa séria. Descobri isso da maneira mais "brasileira" possível: eu misturei o feijão (que eu coloco por cima) com o arroz no prato, achando que estava arrasando. Afinal, arroz, feijão, carne e batata frita fazem parte do charme de qualquer refeição, né? Pois é, não na Venezuela.

Foi durante um almoço em Caracas, entre reuniões de uma feira internacional, que cometi o "mico gastronômico". A comida parecia deliciosa: arroz branco soltinho, *caraotas* (feijão preto temperado), *carne mechada* (uma carne desfiada cheia de sabor) e um pedaço de abacate fresquinho ao lado. O que eu fiz? Além de misturar o feijão com o arroz, ainda coloquei o abacate em cima, como quem coroa a mistura com estilo.

Meu anfitrião venezuelano olhou para o meu prato com uma expressão que misturava surpresa e pavor. Ele apontou com o garfo e, em um tom quase pedagógico, disse: *"Eso no se mezcla así, cada cosa tiene su orden"*. Na hora, congelei. Como assim, "cada coisa tem sua ordem"? Ele explicou que, na Venezuela, a comida deve ser apreciada separadamente. O arroz, o feijão, a carne e o abacate têm os próprios momentos no prato – e misturar tudo é como bagunçar uma obra de arte culinária.

O pior é que, depois dessa lição, ele ainda me desafiou: *"Prueba cada cosa por separado, te va a gustar más"*. Resolvi seguir o conselho e, para minha surpresa, ele estava certo! Separados, os sabores eram muito mais intensos, e comecei a perceber a lógica por trás desse "respeito à comida". Foi como uma aula gastronômica no meio do almoço.

Por que isso importa na Venezuela? Na cultura venezuelana, a comida não é só alimento; é um momento de conexão, tradição e, acima de tudo, respeito pelos ingredientes. Misturar tudo no prato pode ser interpretado como falta de apreço ou até desleixo com os sabores. Cada componente tem um papel especial, e saboreá-los individualmente é uma forma de honrar a refeição e quem a preparou.

Se você for à Venezuela, aprecie cada ingrediente como se estivesse degustando um vinho raro. E, acima de tudo, respeite a ordem! Essa experiência me ensinou que, às vezes, desacelerar e saborear cada detalhe pode transformar uma refeição em algo muito significativo.

E, quem diria, meu mico virou motivo de risadas e, claro, mais uma história para contar em reuniões de trabalho. Afinal, se a comida é sagrada, os micos também são!

Ao fazer negócios na Venezuela, tenha ciência de que falar de política é um tema extremamente delicado e polarizado. Mesmo em conversas informais, tocar no assunto pode criar desconforto ou tensão. Evite mencionar política, a menos que seu parceiro traga o tema à tona – e mesmo assim, mantenha-se neutro. Prefira focar temas positivos, como cultura, música ou esportes.

Outro ponto que vale mencionar é que, na Venezuela, processos burocráticos podem ser demorados e complicados, especialmente em setores como importação, exportação e finanças. Dica de ouro: faça uma boa meditação antes (ela será necessária, acredite em mim) e trabalhe com um parceiro local e experiente para navegar pelas exigências legais e regulatórias. Mesmo conhecendo a fundo a cultura, eu não recomendo fazer negócios sem um bom parceiro por lá. Tenha paciência e esteja com as informações em mãos, pois isso vai poupar tempo e frustrações.

"E, QUEM DIRIA, MEU MICO VIROU MOTIVO DE RISADAS E, CLARO, MAIS UMA HISTÓRIA PARA CONTAR EM REUNIÕES DE TRABALHO. AFINAL, SE A COMIDA É SAGRADA, OS MICOS TAMBÉM SÃO!"

EQUADOR

A ALTITUDE E AS ETIQUETAS

Em Quito, além de lidar com a altitude, descobri que os equatorianos têm um estilo único de negociar. Durante uma breve visita, tentei brincar sobre como a altitude estava me deixando sem fôlego e um dos participantes respondeu com seriedade: *"La altitud es una bendición, no un problema"*. Notei que eles levam muito a sério as condições naturais do país – quase como um símbolo de orgulho.

Além disso, contratos no Equador são minuciosos, e cada detalhe deve ser revisado. Eles valorizam muito a clareza e o planejamento uma diferença marcante em relação ao Brasil, onde a flexibilidade muitas vezes reina.

Ao negociar no Equador, saiba que muitas comunidades indígenas têm um impacto significativo na economia e na cultura locais, especialmente em áreas como artesanato e turismo. Se sua negociação envolver comunidades indígenas, mostre respeito e consideração por esses povos e suas tradições. Propostas que beneficiem essas comunidades são altamente valorizadas.

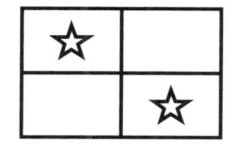

PANAMÁ

O ORGULHO DO CANAL

Durante meus estudos em Buenos Aires, eu não apenas trabalhava e estudava como buscava constantemente participar de eventos, congressos e convenções. Foi em uma dessas ocasiões, mais precisamente na FIT (Feira Internacional do Turismo em Buenos Aires), que tive a oportunidade de conhecer a delegação do Panamá. Para minha surpresa, desse contato surgiu um convite oficial para conhecer o país. E lá fui eu, com apenas 19 anos, embarcar sozinha, de "mala e cuia", para mais essa aventura.

Essa experiência reforçou algo em que acredito profundamente: quando você se abre para o novo e se coloca em movimento, as oportunidades simplesmente acontecem.

Durante a viagem, visitei o famoso Canal do Panamá e pude observar de perto como eles conduzem negócios e como o governo panamenho oferece incentivos fiscais para atrair investidores, especialmente em setores como tecnologia, educação, turismo, logística e energia renovável. Pude aprender que eles são extremamente diretos, algo que contrasta com o estilo mais suave dos brasileiros. Nas negociações, senti que as coisas aconteciam com objetividade e menos "jeitinho".

Negociar com o Panamá exige um entendimento da cultura comercial e da posição estratégica do país como um centro de negócios global. O Panamá é um país neutro, com uma economia dolarizada e com foco no comércio global.

O canal é o orgulho nacional e um ponto central na economia e na mentalidade panamenha. Ele gera bilhões em receitas anuais e posiciona o Panamá como um dos principais *hubs* de comércio internacional. Portanto, se o seu negócio envolve logística, exportação ou importação, destaque como o canal agrega valor à parceria.

Antes do canal, os navios precisavam navegar pelo Cabo Horn, no extremo sul da América do Sul, o que aumentava os custos e o tempo de transporte. O canal reduz o tempo em cerca de quinze dias e economiza milhões em logística.

Outro fator muito importante para você ponderar é que a Zona Franca de Colón, perto do canal, é a maior da América Latina e permite que empresas importem, exportem e redistribuam mercadorias sem pagar impostos locais.

Os panamenhos estão acostumados a lidar com diferentes culturas e abordagens de negócios. Adapte sua comunicação a esse contexto multicultural com propostas claras e práticas e com números concretos, que costumam ser bem recebidos.

> **"** ... QUANDO VOCÊ SE ABRE PARA O NOVO E SE COLOCA EM MOVIMENTO, AS OPORTUNIDADES SIMPLESMENTE ACONTECEM."

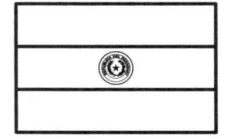

PARAGUAI

NEGÓCIOS, ENERGIA E DIFERENÇAS CULTURAIS NA USINA DE ITAIPU

Minha visita ao Paraguai foi uma daquelas experiências que marcam não apenas pela grandiosidade do lugar, mas também pelo simbolismo de cooperação entre dois povos vizinhos. Eu estava lá em uma viagem de estudos, e a agenda incluía uma visita à famosa Usina Hidrelétrica de Itaipu – um verdadeiro ícone da união entre Brasil e Paraguai. Admito que já tinha lido bastante sobre a usina, mas estar ali, de frente para aquela obra monumental, foi uma sensação completamente diferente.

Itaipu é gigantesca em todos os sentidos. É a segunda maior usina hidrelétrica do mundo em geração de energia, e só estando lá para entender o impacto que ela tem, não apenas na paisagem, mas também no progresso econômico e social da região. O projeto, iniciado nos anos 1970, foi fruto de uma parceria entre Brasil e Paraguai, **uma união de esforços que superou barreiras políticas, culturais e até linguísticas para criar algo que beneficia diretamente milhões de pessoas nos dois países.** Não é lindo?

Ao caminhar pelos corredores da usina, enquanto ouvia o som constante das turbinas gerando energia, fiquei impressionada com o clima de cooperação que ainda existe entre os dois lados. Durante a visita guiada, feita por um engenheiro paraguaio, ele explicou como cada detalhe da usina foi planejado para simbolizar essa união. Do lado de fora, a barragem é dividida entre os dois países, com uma linha imaginária separando o Brasil e o Paraguai, mas, lá dentro, não há divisões. Todos trabalham juntos, como um só time. Esse espírito colaborativo é algo que deveria servir de exemplo para o mundo.

Claro, como brasileira em terras paraguaias, algumas diferenças culturais começaram a surgir. Por exemplo, durante um almoço com colegas locais, percebi que os paraguaios têm uma abordagem mais tranquila em relação ao tempo. Enquanto nós, tendemos a encaixar cada segundo de um dia de negócios, eles valorizam momentos de pausa. Confesso que, no início, achei difícil desacelerar o ritmo, mas, quando aceitei a lógica do "menos pressa, mais qualidade", percebi como isso pode até melhorar as conexões nas negociações.

Outro ponto curioso foi o idioma. Embora o espanhol seja amplamente falado, o guarani também é muito presente no Paraguai, e é lindo perceber como a língua indígena se mistura naturalmente ao dia a dia. Durante a visita, o guia soltava expressões em guarani, e eu me pegava tentando decifrar o que ele dizia, rindo sozinha das minhas tentativas desajeitadas. Essa mistura de línguas é um reflexo da rica herança cultural do Paraguai, algo que eles carregam com orgulho.

Voltando à usina, fiquei especialmente impressionada com os programas sociais e ambientais ligados ao projeto. **Itaipu não é apenas uma fonte de energia, é também um motor de desenvolvimento regional.** Eles têm iniciativas incríveis para preservar o meio ambiente, como o enorme refúgio de vida silvestre ao redor da usina, além de projetos que beneficiam comunidades locais, desde educação até infraestrutura.

Ao final do dia, enquanto contemplava o pôr do sol refletindo nas águas do rio Paraná, pensei em como Itaipu é um exemplo vivo de como a colaboração entre países pode gerar algo maior do que diferenças ou rivalidades. Brasil e Paraguai, tão distintos em tantos aspectos, se uniram para construir algo que transcende fronteiras e beneficia milhões de pessoas. Essa experiência me ensinou que, mesmo em negociações complexas, o respeito mútuo e a vontade de trabalhar em conjunto podem criar soluções que impactam positivamente a todos.

E, claro, levo comigo algumas lições culturais. Agora sei que, no Paraguai, devo desacelerar o ritmo e apreciar a beleza de uma cultura que consegue equilibrar modernidade e tradição com tanta naturalidade. **Afinal, negócios não são apenas números ou contratos: são histórias, conexões e aprendizados que nos fazem crescer como profissionais e como pessoas.**

CAPÍTULO 7:
ORIENTE MÉDIO

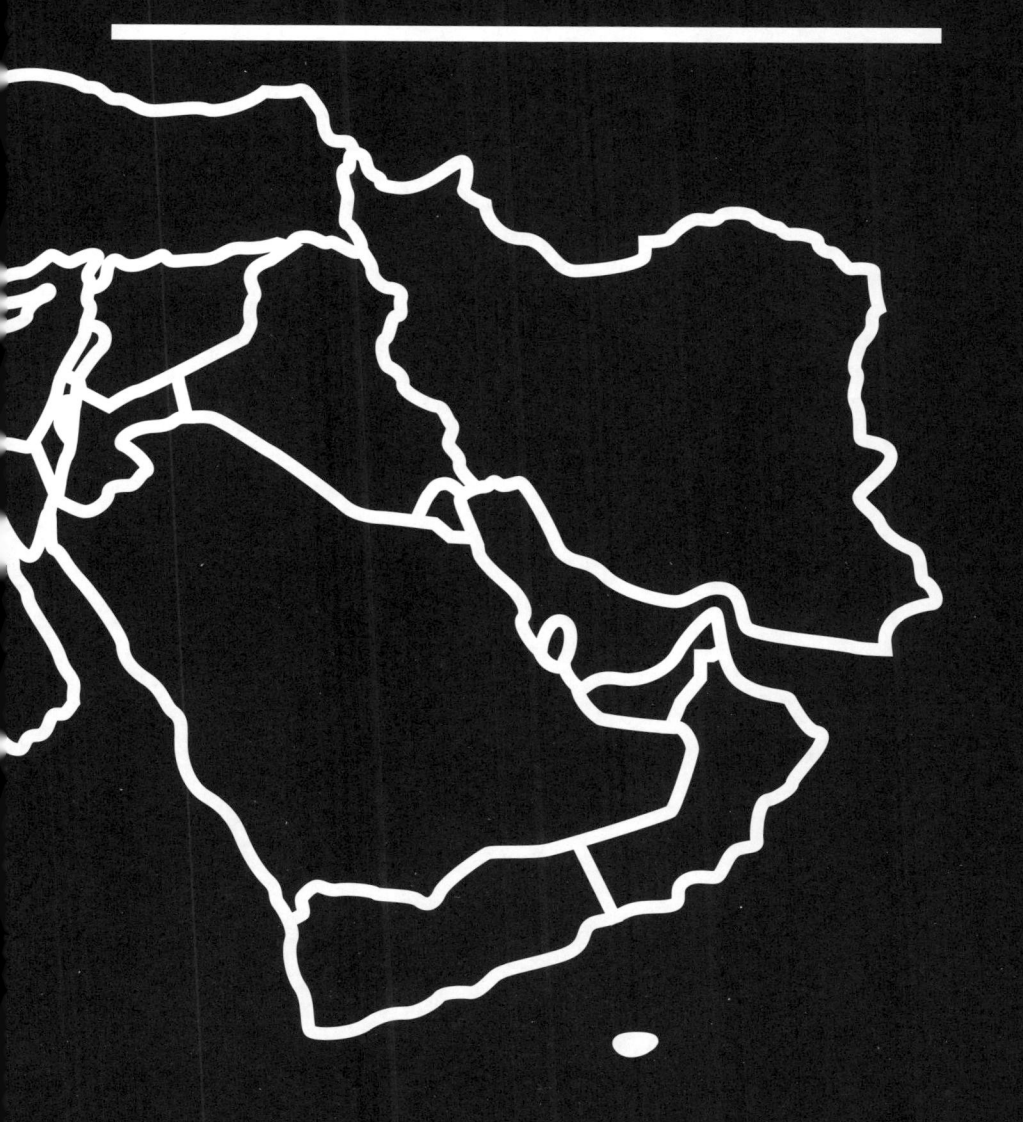

Tive um professor de economia da Jordânia. Certa vez, falei para ele: "Professor, o senhor sabe que eu me sinto muito identificada com a maneira como você valoriza as relações pessoais no trabalho?". Ele me olhou e disse: "Você diz pelas suas raízes italianas? Sim, somos muito parecidos culturalmente ao fazer negócios".

No Oriente Médio, assim como na Itália, há um forte respeito pelos mais velhos e pela posição social. Os títulos e as formas de tratamento adequados são importantes, e é considerado rude dirigir-se a alguém de uma posição social mais alta de forma muito casual. Eu por exemplo, chamo meus pais até hoje de "senhor" e "senhora", e aí de mim se não chamasse quando mais nova...

Outro ponto crucial para mencionar é que a hospitalidade é uma parte fundamental da cultura do Oriente Médio. É comum receber visitas com generosidade e cordialidade, oferecendo comida e bebida em abundância. Recusar uma oferta de hospitalidade pode ser considerado desrespeitoso. E por favor, considere isso principalmente ao fazer negócios: coma e beba tudo o que te oferecerem – dentro de seus limites, é claro.

Outro ponto cultural no protocolo hierárquico a ser considerado é que **a família no Oriente Médio desempenha um papel central na sociedade, e os laços familiares são valorizados acima de tudo.** Isso se estende aos negócios, onde as relações pessoais e familiares muitas vezes influenciam as decisões comerciais e de parcerias. Dica de ouro? Convide e agrade a família toda do seu potencial cliente.

> **"A FAMÍLIA NO ORIENTE MÉDIO DESEMPENHA UM PAPEL CENTRAL NA SOCIEDADE, E OS LAÇOS FAMILIARES SÃO VALORIZADOS ACIMA DE TUDO."**

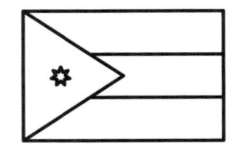

JORDÂNIA

CALOR HUMANO E CONFIANÇA

Vou contar uma das experiências mais memoráveis que já vivi em negociações com parceiros jordanianos. Aconteceu na Suíça, e eu estava toda preparada com minhas planilhas, gráficos e argumentos sobre lucros e os benefícios de uma provável parceria, esperando aquela reunião cheia de formalidades. Mas o que aconteceu? Fui surpreendida por uma das hospitalidades mais calorosas que já vivi.

Antes mesmo de nos sentarmos para falar sobre qualquer coisa relacionada aos negócios, já fui convidada para um almoço... E não era um almoço qualquer. Sabe aquele banquete digno de novela, cheio de pratos típicos, aromas que te envolvem, e uma hospitalidade que aquece o coração? Pois é. No começo, meu lado prático brasileiro estava pensando: *Estamos perdendo tempo, quando vamos falar de negócios*? Mas aos poucos entendi que, para eles, o "negócio" começa muito antes da reunião oficial.

No Brasil, também valorizamos o relacionamento, é claro! Mas temos aquele costume de resolver as coisas com um cafezinho e depois já partir para o assunto principal. Com meus parceiros jordanianos, no entanto, as coisas funcionavam de outro jeito. Eles fazem questão de que você se sinta parte da família antes de qualquer conversa mais séria. E quando eu digo "família", não é modo de falar. Estavam todos lá: amigos, parentes, gente que "passou por acaso" e acabou ficando para compartilhar a refeição.

No início, fiquei na defensiva, porque estava preocupada com o tempo. Mas logo percebi que aquilo fazia parte de algo muito maior. Estávamos construindo confiança. **Eles queriam me conhecer de verdade, saber quem eu era e, mais importante, queriam me mostrar quem eles eram.** Por meio da comida, das histórias e do convívio, criamos um laço.

> **" ESSE MOMENTO DEDICADO À CONSTRUÇÃO DE CONFIANÇA NÃO É "PERDA DE TEMPO"; É INVESTIMENTO. ELES ACREDITAM QUE SÓ É POSSÍVEL FAZER NEGÓCIOS COM QUEM VOCÊ CONFIA E RESPEITA DE VERDADE."**

E é engraçado perceber que essa conexão humana seria a base para qualquer tipo de negociação que viesse em seguida.

Aos poucos, a barreira da formalidade caiu. Eu me vi contando histórias do Brasil, rindo das curiosidades culturais e me encantando com as tradições jordanianas. E foi só depois de toda essa interação que começamos a falar de negócios. Quando finalmente chegamos lá, tudo fluiu de uma maneira tão leve e natural que parecia que já estávamos fechando o acordo desde o início. As conversas de negócios se tornaram quase uma continuidade das relações pessoais que havíamos construído durante o almoço.

E aí está a lição: com meus parceiros jordanianos, aprendi que, mais do que contratos ou números, são as pessoas e suas histórias que fazem a diferença. **Esse momento dedicado à construção de confiança não é "perda de tempo"; é investimento. Eles acreditam que só é possível fazer negócios com quem você confia e respeita de verdade** – e não dá para construir pontes sem uma boa dose de hospitalidade, risadas e um banquete memorável!

Então, da próxima vez que você estiver negociando com alguém da Jordânia, prepare-se para ser recebido como parte da família. E lembre-se: antes de qualquer planilha ou proposta, vem o laço humano. E, claro, nunca recuse um convite para almoçar. Aproveite o momento! É ali, na mesa, que os melhores acordos começam a ser desenhados.

IRÃ

NEGÓCIOS ENTRE TRADIÇÕES MILENARES E RELAÇÕES DE CONFIANÇA

Fazer negócios com o Irã é uma experiência que exige paciência, respeito e uma dose generosa de adaptação cultural. Para os brasileiros, acostumados a um estilo de negociação descontraído e espontâneo, entrar no universo iraniano é como aprender uma nova dança, cheia de nuances e passos cuidadosamente calculados. Vamos explorar como as diferenças culturais podem moldar – e até transformar – a experiência de negociar com essa nação fascinante.

Se no Brasil as hierarquias podem ser flexíveis e, muitas vezes, dissolvidas em conversas informais, no Irã a história é outra. A hierarquia é uma peça-chave no ambiente de negócios, e o respeito pelos mais experientes ou com maior autoridade é indispensável.

Imagine que você está em uma reunião com uma equipe iraniana. No Brasil, seria comum começar cumprimentando a pessoa mais próxima de você, talvez até com um toque no ombro. No Irã, isso seria visto como erro de etiqueta. O líder do grupo deve ser saudado primeiro e de maneira formal, com um aperto de mão firme (ou, se for uma mulher, aguarde que ela inicie o gesto). Ignorar essa hierarquia pode colocar toda a negociação em risco antes mesmo de começar.

No Irã, a prática do *Taarof* é uma característica cultural que pode confundir – e até parecer bizarra – os brasileiros. Trata-se de um ritual de cortesia em que uma pessoa oferece algo por pura educação, mesmo que não tenha a real intenção de que o outro aceite. **Saber interpretar** o Taarof corretamente é um desafio, porque envolve um jogo de recusas e aceitações que parece um verdadeiro teatro para quem não está acostumado. Ah, meu leitor, aqui é campo minado para micos bem difíceis de serem contornados.

Imagine que você está em um jantar de negócios no Irã e, no fim da refeição, o anfitrião insiste que você não precisa pagar. Para um brasileiro, isso soaria como um gesto genuíno, e a resposta imediata poderia ser algo como: "Ah, muito obrigado! Que gentileza!". No entanto, no contexto iraniano, essa aceitação direta seria um erro cultural. Leia bem: muito mais que um mico, um belo erro mesmo. O anfitrião está apenas demonstrando cortesia, mas espera que você insista várias vezes em dividir a conta.

No *Taarof*, a sequência geralmente funciona assim:

- O anfitrião se oferece para pagar a conta.
- Você recusa educadamente.
- Ele insiste novamente.
- Você recusa outra vez, mostrando respeito.
- Após algumas idas e vindas, você pode aceitar ou dividir, mas só depois de demonstrar que valoriza a oferta.
- Se você aceitar de primeira, pode ser visto como alguém que não compreende nem respeita a cultura local.

Impacto nos negócios? Muitos. **O Taarofnão está presente apenas em situações sociais; ele pode aparecer em negociações comerciais também.** Por exemplo: um parceiro iraniano pode oferecer um grande desconto ou condições muito favoráveis em um contrato como parte do *Taarof*. No entanto, pode não ser a oferta real. É esperado que você recuse inicialmente e demonstre que valoriza o gesto antes de avançar para os termos reais. Entendeu aonde quero chegar? Sei que posso parecer louca, mas me diz que não é incrivelmente lindo aprender, conhecer e apreciar essas diferenças culturais para poder fazer negócios pelo mundo?

Ignorar o *Taarof* pode levar a mal-entendidos, com você aceitando algo que eles não estavam prontos para cumprir, gerando desconforto na relação. E como lidar com isso? Para um brasileiro, acostumado com interações mais diretas, pode parecer desnecessariamente complicado, mas compreender essa prática é crucial para construir boas relações no Irã.

Aqui vão algumas dicas:

- Observe e aprenda: Se estiver confuso, siga o exemplo dos iranianos presentes na situação.

- Mostre gratidão: Mesmo que você saiba que a oferta é parte do *Taarof,* agradeça genuinamente antes de recusar educadamente.

- Seja persistente: No contexto de negócios, não aceite uma oferta de imediato. Pergunte novamente e dê espaço para o parceiro ajustar os termos, se necessário.

No Brasil, gestos como pagar uma conta ou oferecer algo geralmente são diretos e genuínos, sem a expectativa de um "jogo social". O *Taarof*, com suas camadas de recusas e insistências, pode parecer como uma "dramatização desnecessária". **No entanto, no Irã, reflete o valor que a cultura coloca na hospitalidade, no respeito e no cuidado com as relações.**

Se você dominar o *Taarof*, vai impressionar seus parceiros iranianos e construir confiança – um passo essencial para o sucesso nos negócios em um país tão rico em tradição e sutileza.

Os brasileiros, com sua espontaneidade e abordagem calorosa, podem estranhar o nível de formalidade presente nos negócios iranianos. Isso inclui o código de vestimenta – terno e gravata para homens, enquanto as mulheres devem respeitar as normas islâmicas, cobrindo braços, pernas e usando um lenço na cabeça.

Além disso, o ambiente é sério, mesmo que o anfitrião demonstre hospitalidade e calor humano. Gestos excessivos, brincadeiras ou demonstrações exageradas de emoção podem ser interpretados como falta de seriedade e realmente comprometer o acordo. A abordagem mais recomendada é a de um profissional calmo, confiante e respeitoso.

As negociações também acontecem com tempo e chá – olha lá os "chazinhos da vida" presentes em povos do mundo todo. No Irã, uma negociação pode se arrastar por dias, semanas ou até meses. Isso não é um reflexo de desinteresse, mas sim do cuidado que os iranianos colocam em avaliar cada detalhe a fim de evitar riscos.

E, claro, o chá é uma parte essencial do processo. Durante reuniões, é quase certo que será oferecido chá persa, e aceitá-lo é uma demonstração de respeito. A pausa para o chá é, na verdade, uma estratégia cultural para suavizar as conversas e criar um clima mais relaxado antes de tomar decisões importantes.

Uma peculiaridade dos iranianos é a forma sutil e indireta de comunicar discordâncias. Diferente dos brasileiros, que tendem a ser mais diretos em situações de conflito, os iranianos raramente dizem "não" de forma explícita. Eles podem usar expressões como "Precisamos considerar" ou "Vamos avaliar" para rejeitar uma ideia. Ler nas entrelinhas e interpretar esses sinais é fundamental para não perder um negócio.

Se você sugerir um prazo apertado para a entrega de um projeto e eles responderem com um sorriso dizendo "É possível", isso pode significar que, na prática, é impossível. Nesse caso, é importante confirmar os detalhes várias vezes, de maneira educada, para garantir que ambas as partes estão alinhadas.

Vou dar algumas dicas práticas para brasileiros que desejam negociar no Irã:

- Respeite as hierarquias: Identifique quem são os tomadores de decisões e trate-os com a formalidade adequada. Use títulos como "senhor" ou "doutor" ao se dirigir a eles.
- Invista tempo nas relações: Antes de discutir números e contratos, esteja preparado para compartilhar um pouco sobre sua vida e ouvir histórias pessoais. Essa conexão é a base de qualquer negociação bem-sucedida.
- Paciência é essencial: Entenda que decisões podem levar tempo. Demonstrar impaciência pode ser visto como desrespeito ou falta de compromisso.
- Atenção à comunicação: Aprenda a ler nas entrelinhas e observe sinais não verbais. A sutileza é uma característica marcante da cultura iraniana.
- Prepare-se para o chá: Nunca recuse uma xícara de chá persa. Esse pequeno gesto pode abrir grandes portas e suavizar tensões durante negociações.

Em resumo, negociar no Irã é mais do que uma troca comercial – é uma imersão em uma cultura rica e cheia de tradições. Para os brasileiros, que têm um estilo mais expansivo e direto, adaptar-se ao ritmo e às nuances iranianas pode ser um desafio, mas também é uma oportunidade única de aprendizado. Com paciência, respeito e o coração aberto para criar conexões, é possível construir parcerias duradouras e, de quebra, agregar lições valiosas de uma cultura que entende como poucas a arte de combinar negócios com humanidade.

> **"NEGOCIAR NO IRÃ É MAIS DO QUE UMA TROCA COMERCIAL – É UMA IMERSÃO EM UMA CULTURA RICA E CHEIA DE TRADIÇÕES."**

> **"PENSANDO CÁ COM MEUS BOTÕES, É O CENÁRIO OPOSTO DO QUE EU VIVO NA SUÍÇA, ONDE OSTENTAR É BREGA."**

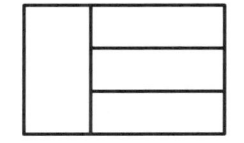

EMIRADOS ÁRABES

ENTRE O LUXO E AS TRADIÇÕES CULTURAIS PECULIARES

Fazer negócios nos Emirados Árabes Unidos (EAU) é como entrar em um universo onde o excesso de modernidade contrasta com tradições milenares. As negociações podem parecer um campo repleto de armadilhas culturais (micos), com diferenças que, muitas vezes, desafiam até os mais experientes.

Nos Emirados, o status social desempenha um papel muito mais importante do que estamos acostumados no Brasil. O sobrenome, a linhagem familiar e até mesmo o que você veste ou dirige são considerados indicadores de sua posição social – e isso impacta diretamente como você será tratado. Diferentemente do Brasil, onde a simpatia e a habilidade de criar conexões emocionais são suficientes para abrir portas, nos Emirados, seu prestígio percebido pode ser o fator decisivo. E o que é ser percebido com prestígio por lá? Vou tentar exemplificar...

Dona Naty aqui chega a uma reunião com um parceiro vestindo um terninho simples, pensando que sua apresentação falará por si. No entanto, nos EAU, isso pode ser interpretado como falta de preparação ou até mesmo como desrespeito. Por outro lado, uma entrada em um carro de luxo ou um relógio caro pode instantaneamente elevar sua percepção de status, mesmo que o produto ou a proposta ainda não tenha sido apresentado. **Pensando cá com meus botões, é o cenário oposto do que eu vivo na Suíça, onde ostentar é brega.**

Prepare-se para receber presentes e gestos de generosidade. Enquanto no Brasil presentes são geralmente reservados para ocasiões especiais ou reuniões de encerramento de negociações, nos Emirados, dar um presente logo no início pode ser uma excelente maneira de demonstrar respeito e iniciar a relação com o pé direito. O interessante é a extravagância dos presentes esperados.

Um parceiro local pode facilmente oferecer como "cortesia", durante a reunião, uma caneta Montblanc de edição limitada. Na contramão, chegar com algo comum como um "presente corporativo padrão" (por exemplo, uma agenda ou um brinde) pode ser visto como falha cultural. Quanto mais sofisticado o presente – uma peça de arte ou um item de luxo, por exemplo –, melhor será a impressão causada, dependendo do que está sendo transacionado ou negociado.

Nos Emirados, títulos não são apenas para constar; eles são um símbolo de respeito e posição. É imprescindível usar títulos como "sheik", "sua excelência" ou "doutor" ao se referir aos líderes. Em terrar brasileiras, é comum usar o primeiro nome em conversas de negócios, mas a formalidade nos EAU é fundamental. Além disso, o cartão de visita deve ser apresentado com as duas mãos e nunca ser guardado de qualquer jeito. Lembre-se de estudá-lo antes de guardá-lo, a fim de mostrar que valoriza a pessoa.

Imagine que você não usa o título correto para se referir a um sheik. Isso pode ser interpretado como uma grave falta de respeito. Pior ainda seria colocar o cartão de visita dele no bolso de trás da calça, algo que muitos brasileiros fazem sem pensar. Para os emiradenses, isso é quase como "desonrar" a pessoa.

Nos EAU, o tempo é tratado de maneira completamente diferente. Enquanto aqui o atraso pode ser considerado um "pequeno descuido", lá é intencional. O anfitrião pode chegar atrasado de propósito para afirmar sua posição de poder. Além disso, reuniões podem ser interrompidas abruptamente por chamadas telefônicas ou conversas com outras pessoas presentes, sem que isso seja visto como rude.

Imagine que você está no meio de uma reunião importante, focado, e o anfitrião se levanta sem cerimônia, pega o telefone e desaparece por quinze minutos. Aposto que sua mente criaria teorias: *Será que ele perdeu o interesse? Está ocupado demais? Ou eu falei algo errado?* Mas calma lá! Isso é absolutamente normal nos Emirados Árabes. O anfitrião voltará quando terminar a ligação e seguirá a conversa como se nada tivesse acontecido – e você, claro, deve ficar ali, sorrindo, mantendo a compostura e esperando com paciência.

Agora, se você achou isso diferente, espere até lidar com o impacto da religião islâmica nos negócios. Ela é o núcleo de tudo. Durante o Ramadã, por exemplo, comer, beber ou fumar em público durante o dia é tão proibido quanto abrir a geladeira e se esquecer de fechar. Mesmo para estrangeiros, essas regras são inegociáveis. E, claro, reuniões podem ser interrompidas para as orações. Respire fundo, aproveite para revisar sua apresentação.

Nos Emirados, tomar decisões é uma arte coletiva. Não espere que uma pessoa sozinha bata o martelo. **Mesmo que o "chefe" tenha a palavra final, o jogo só é vencido quando todos os membros da equipe – e, às vezes, até a família – estiverem convencidos de que o negócio vale a pena.** Haja paciência, querido leitor! No Brasil, você poderia suspeitar de "desculpas para adiar", mas nos Emirados isso reflete respeito à coletividade.

E falando em paciência, lembre-se de que nos Emirados Árabes o relacionamento vem antes do contrato. Não adianta chegar com pressa para assinar o acordo e correr para o próximo compromisso. É preciso tempo para construir confiança, tomar muito café árabe, conversar sobre a vida, os negócios, a cultura. Só depois você entrará no assunto principal.

Quer dicas para se dar bem nos negócios nos Emirados Árabes? Então vamos lá:

- Invista na sua imagem! Estar bem-vestido e demonstrar status abre portas.
- Respeite o ritmo deles. Se você tem pressa, deixe-a na bagagem. Nos Emirados, é preciso esperar – e muito – por decisões.
- Demonstre interesse genuíno pela cultura local. Mostre que você valoriza a religião, os costumes e as tradições.
- Construa relações sólidas. Nos Emirados, um contrato é apenas a cereja do bolo. A base de tudo é a confiança, e ela precisa ser cultivada.

Fazer negócios nos Emirados Árabes é como entrar em um mundo completamente diferente, mas fascinante. A paciência será sua melhor amiga, e a curiosidade, sua maior aliada.

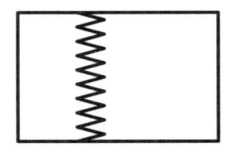

QATAR

UM MUNDO DE LUXO, RITUAIS E NUANCES

No Qatar é onde o luxo não é apenas um detalhe, mas uma linguagem própria – e a tradição permeia cada momento. Para os brasileiros, negociar no Qatar é um exercício de atenção às minúcias, respeito aos costumes e paciência (muita!). Mas o que realmente diferencia o Qatar de outros países do Oriente Médio – e do Brasil – são algumas peculiaridades culturais que podem surpreender até os mais experientes no mundo dos negócios.

Nos negócios no Qatar, o *majlis* é uma instituição cultural que mistura informalidade e poder. Esse espaço – muitas vezes um salão com tapetes luxuosos e almofadas – é onde homens de negócios e figuras importantes se reúnem para conversar, fumar *shisha* (narguilé) e tomar decisões importantes. Diferente de uma sala de reuniões formal, o *majlis* é um espaço relaxado, mas onde o respeito e a etiqueta continuam sendo fundamentais.

Imagine que você é convidado a um *majlis* para discutir sua proposta de parceria. No Brasil, você esperaria uma mesa, uma apresentação formal ou pelo menos um bloco de anotações. No Qatar, no entanto, você se senta no chão ou em almofadas, conversa de forma aparentemente descontraída, mas a decisão que sai dali pode valer milhões de dólares. Ignorar ou desvalorizar a importância de um convite ao *majlis* é um erro grave, pois esse espaço é um símbolo de confiança.

No Qatar, os sinais de luxo não são apenas ostentação; eles são uma linguagem. No entanto, diferente do que se pode imaginar, o luxo muitas vezes está nos detalhes sutis. É esperado que você se apresente com roupas de alta qualidade, mas que sejam discretas. Eles observam desde o tecido do terno até o modelo da caneta. Não é apenas sobre o que você mostra, mas sobre o que você representa.

Imagine que, durante uma reunião, você percebe que o anfitrião está usando um *bisht* (capa tradicional usada por homens em ocasiões especiais), e ele comenta sobre as pérolas naturais do Golfo usadas no bordado. Se você fizer uma pergunta genuína ou demonstra interesse, isso pode criar um vínculo imediato. Mostrar que você entende e aprecia esses toques culturais é uma forma de ganhar respeito. E, querido leitor, caso você não entenda, não tente demonstrar o que não conhece de fato. O terreno é minado, e a chance de cometer uma gafe e abalar a confiança na sua autenticidade é grande. Se seus conhecimentos são limitados, apenas seja você mesmo: humilde, educado e simpático. Garanto que isso emite um sinal nobre sobre você – tanto lá quanto em qualquer lugar do mundo.

Outro ponto importante sobre o Qatar é que, embora seja um país conservador, as mulheres estão assumindo papéis cada vez mais significativos no mundo dos negócios. No entanto, a interação entre homens e mulheres no ambiente empresarial pode ser cheia de nuances. Por exemplo, nem sempre haverá um aperto de mão entre pessoas de gêneros opostos – isso dependerá da preferência individual e do contexto religioso.

Caso você seja apresentado a uma executiva local e instintivamente estenda a mão para cumprimentá-la, provavelmente ela manterá as mãos cruzadas e dará apenas um leve aceno de cabeça. Para um brasileiro, acostumado ao contato físico amigável, isso pode parecer estranho, mas no Qatar é um sinal de respeito à tradição. A dica é: espere a outra pessoa dar o sinal antes de fazer qualquer gesto.

Embora a pontualidade seja importante no Qatar, especialmente para estrangeiros, as reuniões podem ser interrompidas, adiadas ou durar muito mais do que o esperado. Além disso, decisões raramente são tomadas com rapidez. Para os brasileiros, esse ritmo pode ser frustrante. Mas no Qatar, paciência é sinônimo de respeito.

Nos negócios no Qatar, a palavra falada tem um peso gigantesco. Embora contratos formais sejam assinados, é a confiança no relacionamento e no que foi dito que realmente define o acordo. Jamais cometa o erro de concordar com algo e achar que pode mudar depois. No Qatar, se você concorda verbalmente com um cliente sobre os termos de um contrato, isso tem tanto peso quanto o documento final. Para eles, a palavra dada já é um compromisso. Romper um acordo verbal pode ser visto como uma quebra de confiança irreparável. Vou dar algumas dicas do que aprendi mundão afora:

- Valorize a imagem: Roupas, gestos e até acessórios contam muito. Seja discreto, mas impecável. Qualidade acima de tudo.
- Entenda o contexto religioso: Respeite o papel do islamismo em todos os aspectos, incluindo reuniões interrompidas para orações e mudanças de ritmo durante o Ramadã.
- Invista no relacionamento: Eles valorizam parcerias de longo prazo. Mostre interesse genuíno pelo que eles prezam.
- Adapte-se ao ritmo: Não tenha pressa. As decisões podem demorar, mas refletem comprometimento.
- Mantenha a formalidade: Seja respeitoso, evite humor desnecessário e entenda as nuances de interação entre gêneros.

Para fazer negócios no Qatar, a paciência, o respeito e o interesse genuíno farão toda a diferença e transformarão essa jornada em uma experiência de sucesso.

ISRAEL

A TERRA DA INOVAÇÃO E DA FRANQUEZA NOS NEGÓCIOS

Estamos aterrissando nossa jornada pelo mundo dos negócios em Israel, e vou tentar compartilhar um pouco das experiências marcantes que já vivi com o povo de lá. Desde muito nova, ainda na infância, tive meu primeiro contato com essa cultura tão rica e diferente. Meu pai, que tinha frigorífico, exportava carne para diversos países, e Israel era um dos mercados mais exigentes, mas também um dos que melhor remunerava pela qualidade do produto.

Lembro-me, como se fosse ontem, de uma particularidade curiosa desse processo: para que a carne fosse aceita em Israel, os rabinos vinham diretamente de lá para supervisionar – e eles mesmos realizar – o ritual de abate *kosher* dos bois. A chegada dessa comitiva ao frigorífico era um verdadeiro evento. Eram grupos grandes, acompanhados de listas extensas de exigências específicas: alimentação diferenciada, alojamento adequado, transporte à altura. Eu via os funcionários do frigorífico do papai correndo para lá e para cá, a fim de atender todas essas demandas, tentando compreender e respeitar cada detalhe, desde a preparação dos alimentos até os horários de descanso dos rabinos.

Para mim, criança na época, aquilo era fascinante. Lembro-me de observar, com curiosidade e admiração, os rabinos com suas roupas tradicionais e seu comportamento sério. Foi meu primeiro contato direto com uma cultura tão distinta da nossa, e aquilo ficou gravado em minha memória como uma janela para um mundo cheio de novas perspectivas.

Essa experiência despertou em mim, ainda menina, uma curiosidade insaciável por civilizações diferentes, por povos e culturas. Foi ali que percebi quão vasto e diverso é o mundo – e como, apesar das diferenças, existe uma conexão universal na forma como respeitamos as tradições e buscamos encontrar um ponto de entendimento mútuo.

Desde então, o fascínio por culturas e civilizações me acompanha e molda minha maneira de ver o mundo e de me envolver nos negócios. Israel foi apenas o início dessa jornada, mas, sem dúvida, deixou uma marca profunda no meu jeito de lidar com as diferenças e de respeitar as particularidades de cada povo. Afinal, a riqueza da vida está exatamente nesse contraste, que nos desafia, ensina e engrandece.

Negociar em Israel é como entrar em um ecossistema dinâmico onde inovação, criatividade e franqueza direta andam de mãos dadas. Conhecido como a Startup Nation, o país é um dos maiores centros de tecnologia e inovação do mundo, e sua cultura de negócios reflete essa mentalidade prática e visionária. Mas para os brasileiros, acostumados com um toque de formalidade e simpatia nas negociações, a abordagem israelense pode ser um choque – recheado de diferenças culturais que vão te fazer rir, refletir e, às vezes, até confundir.

Se você acha que os brasileiros podem ser diretos, espere até negociar com um israelense. Em Israel, não existe rodeio ou formalidade desnecessária. Eles vão direto ao ponto. O foco está na solução e na eficiência, e, muitas vezes, o que é dito pode parecer brusco para ouvidos estrangeiros.

Imagine que você apresenta uma ideia com entusiasmo e alguns detalhes "extras" para reforçar seu ponto. Um israelense pode interromper e dizer: "Isso não importa. Qual é o custo final?". Isso pode soar rude, mas, para eles, é apenas eficiência: **menos conversa, mais ação. A sinceridade é valorizada acima de tudo.**

Outro ponto relevante, é que em Israel a estrutura organizacional é muito horizontal. Isso significa que o estagiário pode debater ideias diretamente com o CEO, e ninguém vai achar estranho. Todos têm voz e liberdade para expressar opiniões – o que pode ser desconfortável para quem vem de uma cultura mais hierárquica. Isso, no Oriente Médio, é algo não convencional.

Israelenses adoram debater, e a discordância é vista como positiva. Enquanto no Brasil as pessoas podem evitar conflitos para manter um ambiente harmonioso, em Israel o debate de ideias é considerado saudável e até necessário para chegar à melhor solução. **Se você tem um ponto de vista diferente, eles esperam que você defenda a sua posição.** E de novo, querido leitor, estamos falando de diferenças culturais aqui: em outros países do Oriente Médio, de acordo com a minha experiência, isso não se aplica, ok?

Vou tentar dar outro exemplo, imagine que você sugere uma estratégia e um colega israelense responde com algo como: "Isso não vai funcionar, e aqui está o porquê". Isso poderia ser interpretado como um ataque pessoal, mas, em Israel, é apenas parte do processo colaborativo. Eles querem garantir que todas as perspectivas sejam analisadas antes de seguir adiante. Eu não sei você, leitor, mas eu adoro essa transparência e sinceridade, sem que as pessoas levem para o lado pessoal.

Entrando um pouquinho no tema religioso, embora Israel seja altamente secular em muitos aspectos, a religião ainda influencia o ritmo dos negócios. Durante o *Shabat* (o dia de descanso judaico, do pôr do sol de sexta até o pôr do sol de sábado), grande parte do país para. É importante planejar reuniões e prazos levando isso em consideração, especialmente em setores mais tradicionais. Já em Tel Aviv e outras áreas mais cosmopolitas, o *Shabat* pode ser menos rígido.

Não envie um e-mail na sexta-feira à tarde esperando uma resposta rápida. Você só receberá um retorno no domingo. Isso pode parecer atraso, mas, em Israel, é simplesmente o respeito pelo ritmo cultural.

Os israelenses são conhecidos por sua abordagem *chutzpah* – uma mistura de ousadia e persistência. Eles gostam de resultados rápidos e preferem arriscar e corrigir depois do que perder tempo com perfeccionismo. Essa mentalidade *fail fast* pode contrastar com a abordagem mais cautelosa que os brasileiros muitas vezes adotam.

Caso você sugira implementar um piloto em três meses para garantir qualidade, um israelense pode responder algo como: "Três meses? Vamos lançar na próxima semana e ajustar conforme necessário". Para eles, é melhor testar logo do que gastar tempo tentando prever cada detalhe.

Você sabe como fazer negócios com sucesso em Israel?

- Seja direto e claro: Vá ao ponto sem enrolação. Eles valorizam a honestidade e a eficiência.
- Não leve para o pessoal: Se alguém discordar ou criticar a sua ideia, entenda que é parte do processo. Não é pessoal, é profissional.
- Prepare-se para debater: Defenda suas ideias com confiança e esteja aberto a contra-argumentos.
- Respeite o *Shabat*: Planeje seus compromissos e e-mails considerando que muitas atividades param do pôr do sol de sexta até sábado.
- Adapte-se ao ritmo rápido: Esteja pronto para agir rapidamente e ajustar no caminho, em vez de buscar a perfeição antes de começar.
- Vista-se apropriadamente para o contexto: Seja casual em empresas de tecnologia, mas mantenha o profissionalismo em setores mais tradicionais.

Fazer negócios em Israel é um exercício de adaptação e aprendizado. Para os brasileiros, pode ser desafiador lidar com a franqueza direta, o ritmo acelerado e a informalidade, mas essa abordagem também pode ser refrescante e inspiradora. **Se você abraçar a cultura do debate, demonstrar eficiência e respeitar os valores locais, Israel pode se tornar um parceiro de negócios vibrante e inovador.** E lembre-se: aqui, a honestidade não é só uma virtude – é a regra!

> **SE VOCÊ ABRAÇAR A CULTURA DO DEBATE, DEMONSTRAR EFICIÊNCIA E RESPEITAR OS VALORES LOCAIS, ISRAEL PODE SE TORNAR UM PARCEIRO DE NEGÓCIOS VIBRANTE E INOVADOR."

CAPÍTULO 8:
OCEANIA

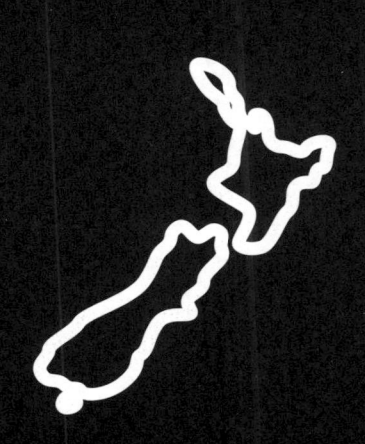

Sabe aquele canto do mundo que parece tão distante do Brasil, mas que, de alguma forma, sempre pareceu próximo? Pois bem, bem-vindo à Oceania. Apesar de ainda não ter colocado os pés por lá (por enquanto!), mantenho laços profundos com a região, já que meu irmão mora e trabalha na Nova Zelândia. E se tem uma coisa que esse vínculo familiar me trouxe foi um carinho especial e uma curiosidade insaciável por entender melhor as culturas dessa parte tão fascinante do mundo.

Além disso, tive a oportunidade de trabalhar diariamente com pessoas da Austrália e Nova Zelândia. E se você pensa que a Oceania é uma região homogênea, vou logo avisando: cada país tem a própria personalidade cultural, e as diferenças podem ser um choque (ou uma diversão) para nós, brasileiros.

Se você, como eu, já trabalhou ou pretende negociar com pessoas da Oceania, aqui vai a principal lição: **adapte-se!** Os australianos e neozelandeses vão valorizar sua autenticidade, mas esperam objetividade e respeito pela sua forma mais igualitária de trabalhar.

A Oceania, com sua vasta diversidade cultural, geográfica e econômica, apresenta dinâmicas únicas no mundo dos negócios. Apesar de muitos países da região compartilharem valores semelhantes, como informalidade e proximidade pessoal, cada um deles traz peculiaridades que podem surpreender. Vamos explorar as características de negócios de alguns dos principais países da Oceania: Austrália, Nova Zelândia e as Ilhas do Pacífico (como Fiji, Papua-Nova Guiné e Tonga).

O segredo para ter sucesso? Adaptar-se às particularidades culturais. Entenda que cada país tem seu ritmo e suas preferências. Ao entrar nesse jogo com curiosidade e vontade de aprender, você encontrará parceiros incríveis e levará lições valiosas para a vida. Afinal, não importa o oceano que nos separa, as conexões humanas sempre serão a base de qualquer negociação bem-sucedida.

> **"** SE VOCÊ JÁ TRABALHOU OU PRETENDE NEGOCIAR COM PESSOAS DA OCEANIA, AQUI VAI A PRINCIPAL LIÇÃO: ADAPTE-SE!"

> **"PARA FAZER NEGÓCIOS COM OS AUSTRALIANOS, SEJA DIRETO E OBJETIVO, MAS SEM PERDER A SIMPATIA."**

AUSTRÁLIA

PRAGMATISMO E IGUALDADE

Primeiro, a Austrália, esse país cheio de cangurus, praias paradisíacas e pessoas que adoram começar o dia com um sonoro *"G'day, mate!"*. Trabalhar com australianos é como lidar com o equilíbrio perfeito entre profissionalismo e descontração. Eles têm uma abordagem muito prática para negócios, são diretos e esperam o mesmo de você. O que pode parecer informal demais para um brasileiro – como ir para uma reunião de bermuda e chinelo – é simplesmente normal lá. E nada de hierarquias rígidas! Na Austrália, as pessoas valorizam a igualdade, e o chefe é tão acessível quanto o estagiário. Para nós, isso pode ser um sopro de ar fresco – ou um pequeno choque cultural.

Outra particularidade é a ética de trabalho baseada no equilíbrio. Enquanto os brasileiros costumam ser flexíveis com o tempo, os australianos são pontuais e esperam que as reuniões sejam produtivas e respeitem os horários. No entanto, depois do trabalho, eles valorizam o *pub time* – encontros em bares para conversas informais, que muitas vezes fortalecem as relações de negócios.

Para fazer negócios com os australianos, seja direto e objetivo, mas sem perder a simpatia. Use um tom amigável, mas respeite os limites da informalidade. Demonstre compromisso com a sustentabilidade e a inovação, valores muito importantes no mercado australiano.

NOVA ZELÂNDIA

CONEXÃO E RESPEITO

Na Nova Zelândia, o clima é ainda mais descontraído, mas com um toque especial: a influência da cultura maori. Os neozelandeses, ou *kiwis*, como se autodenominam, têm muito orgulho de sua herança indígena, e isso transparece em todas as esferas, incluindo os negócios. Em reuniões, por exemplo, é comum começar com uma pequena introdução pessoal, conhecida como *whakawhanaungatanga*, para criar um vínculo antes de discutir qualquer assunto profissional.

Para um brasileiro, que adora uma boa conversa, isso pode ser muito natural, mas cuidado: os kiwis também prezam pela objetividade. Eles são rápidos no que fazem e esperam que você esteja de acordo. E não se surpreenda se uma reunião terminar com um convite para um churrasco (sim, eles também adoram um bom *barbecue*).

Os kiwis têm um estilo de negociação colaborativo e voltado para a construção de relacionamentos. Uma diferença cultural marcante é a influência da cultura maori, que valoriza conceitos como *mana* (autoridade e respeito) e *kaitiakitanga* (cuidado com a terra e a comunidade). Esses valores frequentemente aparecem nas negociações, seja em conversas sobre sustentabilidade ou em parcerias de longo prazo.

A transparência é essencial; promessas vagas ou exageradas podem ser malvistas. Além disso, a Nova Zelândia tem um forte senso de ética empresarial, e os brasileiros devem demonstrar integridade em todas as etapas da negociação.

Adapte-se ao ritmo direto e prático dos neozelandeses, mas respeite o momento inicial de "conexão pessoal". Mostre sensibilidade à cultura maori e interesse genuíno pelo contexto local.

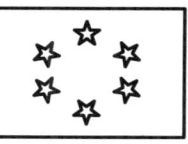

ILHAS DO PACÍFICO

RELAÇÕES PESSOAIS EM PRIMEIRO LUGAR

Nas Ilhas do Pacífico (como Fiji, Tonga e Papua-Nova Guiné), o foco das negociações está menos nos resultados imediatos e mais na construção de relações duradouras. **A cultura nessas ilhas é profundamente comunitária, e os negócios frequentemente envolvem múltiplos membros da comunidade ou da família.**

Uma diferença cultural importante é o ritmo mais lento e relacional. Pressionar por decisões rápidas ou demonstrar impaciência pode ser desrespeitoso.

Além disso, as práticas de etiqueta cultural variam. Por exemplo, em Fiji, é comum oferecer uma bebida cerimonial chamada *kava* em reuniões importantes, e recusá-la pode ser visto como falta de cortesia. Já em Papua-Nova Guiné, o uso de presentes é uma forma simbólica de iniciar relacionamentos e mostrar respeito.

Fazendo negócios com as Ilhas do Pacífico, respeite o ritmo local e invista tempo para conhecer a cultura e as pessoas antes de discutir negócios. Adapte sua linguagem para ser clara e respeitosa, evitando exageros ou promessas inatingíveis.

Embora os brasileiros sejam conhecidos por sua flexibilidade e habilidade de construir relacionamentos, a Oceania traz algumas diferenças marcantes. Por exemplo, enquanto os australianos e neozelandeses valorizam a transparência e a objetividade, os brasileiros podem parecer excessivamente informais ou pouco claros. Já nas Ilhas do Pacífico, o ritmo mais lento pode ser desafiador para os brasileiros, que muitas vezes preferem resolver questões rapidamente.

CAPÍTULO 9

VENCENDO COM AS DIFERENÇAS CULTURAIS

Você chegou até aqui e já descobriu um segredo valioso: **o mundo dos negócios internacionais é uma aventura sem fim, cheia de surpresas, desafios e, principalmente, oportunidades.** Mas o mais fascinante de tudo isso é que você tem o poder de se tornar o protagonista da própria jornada. Cada negociação, cada interação cultural é um novo capítulo, e quem decide como essa história será escrita é você.

Pense nas histórias que você leu ao longo deste livro – sobre meus micos, os momentos de sucesso, as diferenças culturais inesperadas. **Cada uma delas é uma porta para um mundo diferente, uma oportunidade para aprender algo novo.** E mais do que isso, essas histórias mostram que negociar internacionalmente é muito mais do que apenas fazer acordos. **É viver experiências, construir pontes entre culturas e descobrir o quanto somos, ao mesmo tempo, diferentes e semelhantes.**

Agora, imagine você viajando pelo mundo, sentado em mesas de negociação em países que nunca pensou em visitar. Imagine-se brindando com empresários na China, debatendo ideias em cafés parisienses, ou aprendendo o valor da paciência em uma reunião no Japão. E o melhor de tudo: essas histórias não pertencem a mais ninguém, são apenas suas. E só você terá a chance de escrevê-las com o seu toque pessoal, do seu jeito único.

Cada cultura que você encontra agrega um novo conjunto de regras e costumes, mas também uma chance de crescimento pessoal. Ao lidar com essas diferenças, você não apenas se torna um negociador mais habilidoso, mas também uma pessoa mais aberta, empática e resiliente. Você aprenderá a rir dos pequenos tropeços, a celebrar os grandes sucessos e a perceber que, no fundo, o verdadeiro valor das negociações está nas relações que construímos ao longo do caminho.

O mundo está cheio de histórias esperando para serem vividas. Algumas delas podem ser desafiadoras; outras, inesperadamente divertidas. Mas todas, sem exceção, trarão um aprendizado que você carregará para o resto da vida. E o mais incrível? Esse é apenas o começo da sua jornada.

Por isso, **permita-se ir além. Viaje para lugares onde a língua, os gestos e até os sorrisos têm significados diferentes. Negocie com pessoas que pensam de uma maneira que você nunca imaginou.** Convido você, caro leitor, a mergulhar no desconhecido e transformá-lo em histórias que só você poderá contar. Lembre-se de que as melhores aventuras de negócios internacionais não são sobre números ou contratos; são sobre pessoas, momentos e conexões.

Seja ousado, seja curioso, e, acima de tudo, seja você mesmo. Leve sua autenticidade para cada país, para cada mesa de negociação, e veja como o mundo responderá. No fim das contas, o que você levará na bagagem será o valor de cada relação que construiu ao longo da jornada.

O mundo está pronto para te receber. E você, está pronto para vivê-lo? Vá em frente, explore, negocie e crie as histórias que serão lembradas. No palco global, você não é apenas um espectador; você é o autor principal, o protagonista. E as melhores aventuras estão apenas começando!

PARTE II

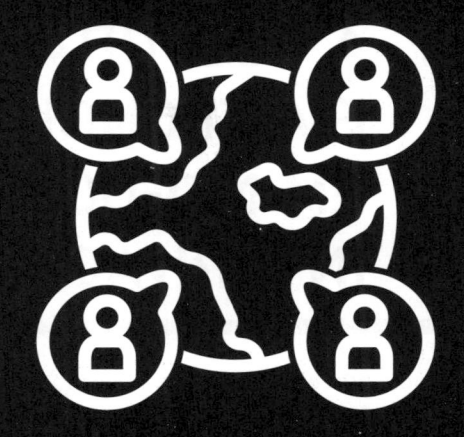

CAPÍTULO 10:
NEXOS CULTURAIS

Espero que nossa jornada até aqui tenha sido tão divertida e enriquecedora quanto explorar um mercado local cheio de surpresas culturais! Entre gafes, acertos e muitas histórias, tentei compartilhar minhas vivências e aprendizados sobre como lidar com as diferenças culturais em negociações internacionais. Mas calma, pois ainda não acabamos. Quero explorar alguns tópicos que vão deixar o conteúdo ainda mais completo e inspirador. Então, que tal continuar comigo nessa viagem? Afinal, o mundo é enorme, e as histórias nunca acabam! 🌍✨

1. A CULTURA DA INOVAÇÃO E A TECNOLOGIA EM NEGÓCIOS INTERNACIONAIS

Inovação e tecnologia são como o motor turbo de uma corrida global: movem economias e transformam mercados, mas cada cultura tem seu jeito único de lidar com essa potência. Nos Estados Unidos, por exemplo, a palavra de ordem é: "Tente, erre e tente de novo" – o famoso lema *fail fast, fail often* [falhe rápido, falhe sempre]. Para eles, cada tropeço é apenas mais um degrau na escada para o sucesso, o que explica o entusiasmo frenético por startups e ideias malucas que, muitas vezes, mudam o mundo.

Agora, cruzando o Pacífico, chegamos ao Japão, onde a inovação é tratada com a mesma precisão de um sushi perfeito. Lá, o foco está na qualidade impecável e nos avanços incrementais. Nada de arriscar tudo de uma vez! É como se os japoneses preferissem ajustar cada peça do quebra-cabeça antes de mostrar a grande obra final. E olha que funciona!

Já na Europa, encontramos os alemães, mestres em unir tradição e inovação. Para eles, a ideia não é reinventar a roda. Afinal, para que mexer no que já funciona bem? Em vez disso, preferem aperfeiçoar o que já existe, especialmente em indústrias como a automotiva, nas quais a eficiência é quase uma religião. E sim, eles fazem isso com um brilho no olhar típico de quem ama engenharia.

Agora vamos para a Índia, onde a criatividade é impulsionada por desafios reais. Inovação por lá muitas vezes significa resolver problemas sociais com soluções tecnológicas práticas, como popularizar pagamentos digitais em áreas rurais. É um mix de engenhosidade e propósito que transforma o cotidiano de milhões de pessoas.

E não podemos nos esquecer da China, onde o governo tem um papel quase de mentor na corrida pela inovação. Por lá, o segredo muitas vezes está em aprender com o que já existe: copiar modelos estrangeiros com perfeição antes de criar algo novo. E vamos combinar: eles são mestres nesse jogo!

E o que tudo isso significa para nós, brasileiros, que somos conhecidos pela criatividade e flexibilidade? Para brilhar no cenário global, precisamos entender essas diferenças culturais. Nos EUA, ideias disruptivas podem arrancar aplausos. No Japão, talvez gerem uma sobrancelha arqueada, mostrando cautela. Na Alemanha, é bom ter um plano sólido; enquanto na Índia, mostrar impacto social pode ser o caminho para o coração do mercado. Já na China, quem sabe uma colaboração estratégica seja o começo de tudo?

No fim, a lição é clara: **inovação não é só sobre tecnologia ou grandes ideias, mas também sobre saber conversar com pessoas diferentes.** E se tem uma coisa que nós, brasileiros, fazemos bem é nos adaptarmos e nos conectarmos com o mundo inteiro – tudo com um sorriso no rosto e muita criatividade!

2. LINGUAGEM CORPORAL: A ARTE SILENCIOSA DA COMUNICAÇÃO GLOBAL

Acredite ou não, seu corpo pode estar dizendo mais do que você imagina durante uma negociação internacional. E, em algumas culturas, um simples gesto ou postura errada pode transformar uma reunião promissora em uma situação embaraçosa. Mas não se preocupe: com um pouco de atenção, dá para navegar por esses desafios com estilo.

Por exemplo, nos países asiáticos, como Japão e Coreia do Sul, postura é coisa séria. Manter as costas eretas, evitar contato físico desnecessário e até aquela leve inclinação de cabeça são sinais de respeito e profissionalismo. Nada de abraços ou tapinhas nas costas, hein? Enquanto nós adoramos um toque amigável, por lá isso pode soar tão invasivo quanto alguém ler suas mensagens no celular.

Na Europa, a história muda de acordo com o país. Vá para a Itália ou para a Grécia e os gestos se tornam quase uma língua à parte! Os italianos, com sua paixão contagiante, gesticulam tanto que parece que estão ensaiando para um balé com as mãos – e, acredite, isso é um sinal de envolvimento e entusiasmo. Por outro lado, tente o mesmo no Reino Unido ou na Alemanha e pode acabar sendo visto como exagerado ou até pouco profissional. Por lá, menos é mais quando se trata de comunicação não verbal.

E o famoso contato visual? Aqui está a pegadinha: enquanto nos EUA e em grande parte da Europa olhar diretamente nos olhos é um sinal de confiança e honestidade, em culturas asiáticas, como a chinesa, pode ser interpretado como desrespeito – e sobretudo se o outro lado for uma figura de autoridade. Então, se estiver na Ásia, talvez seja melhor dar uma olhadinha para o lado ou para baixo de vez em quando.

Para os brasileiros, que somos conhecidos por nosso jeito caloroso, expressivo e por aquele toque amigável que faz qualquer conversa parecer um encontro entre amigos, ajustar esses hábitos pode ser um desafio. Mas aí está o segredo: **observe antes de agir. Perceba como as pessoas ao seu redor se comportam e adapte-se rapidamente.**

Afinal, a chave para uma boa comunicação internacional é o equilíbrio entre mostrar quem você é e respeitar os limites culturais invisíveis.

Levante a cabeça, ajuste a postura, segure os gestos e... boa sorte na próxima negociação global!

3. O PAPEL DO HUMOR NAS NEGOCIAÇÕES

Quem não gosta de uma boa risada, certo? Pois é, o humor é uma arma poderosa para quebrar o gelo e criar conexões em negociações. Mas – e aqui está o truque – o que faz um brasileiro gargalhar pode deixar um alemão desconcertado ou um japonês completamente sem reação. Cá entre nós, ninguém quer transformar uma boa negociação em um momento digno de meme, não é?

No Brasil, o humor é praticamente um idioma à parte. Usamos piadas para descontrair, para nos aproximar e, por vezes, até para aliviar situações tensas. Quem nunca viu uma reunião esquentar e, de repente, alguém soltar um comentário engraçado que fez todo mundo rir e relaxar? É quase uma arte nacional!

Já no Reino Unido, o humor é uma ferramenta igualmente importante, mas com uma pegada diferente. Pense em ironia, sarcasmo e aquele humor seco que, se você não estiver atento, pode passar batido. Lá uma piada tem o potencial de ser tão séria que você pode nem perceber. E atenção: tentar imitar o humor britânico sem entender essas nuances é como andar numa corda bamba, só que sem rede de segurança.

Nos Estados Unidos, o humor é mais direto e acessível. Os americanos adoram piadas leves e comentários rápidos, mas *timing* é tudo. Uma piada no momento errado pode parecer uma distração ou até falta de foco. Então, escolha bem o momento para arrancar aquele sorriso, mas sem tirar os olhos do objetivo principal da negociação.

Agora, se você está em uma reunião no Japão ou na Alemanha, guarde as piadas no bolso. Nessas culturas, o ambiente de negócios é extremamente sério e profissional. Soltar uma piada em meio a uma negociação pode ser interpretado como falta de respeito. E, vamos combinar, ninguém quer ser lembrado como "aquele que fez a sala inteira congelar com uma piada".

Falando em cautela, se você estiver em países árabes, como os Emirados Árabes ou a Arábia Saudita, é melhor nem pensar em tocar em temas como religião ou política. Nessas culturas, piadas desse são mal-recebidas e podem até soar ofensivas – e esse tipo de mal-entendido pode custar muito caro em uma negociação.

Para nós que temos o humor no DNA, o desafio é saber onde e quando utilizá-lo. Se bem usado, ele pode ser o ingrediente mágico para conquistar a confiança do outro lado da mesa e criar empatia. Mas **a regra de ouro é sempre adaptar o estilo e o conteúdo às expectativas culturais do seu interlocutor.** Afinal, ninguém quer transformar um momento de descontração em um mico internacional, certo? Então, ria, sim, mas com estratégia!

4. DIFERENÇAS NA PERCEPÇÃO DE SUCESSO E STATUS

O que significa "sucesso" nos negócios? Isso depende muito do endereço em que você está. Entender essas diferenças é como ter um passaporte cultural, ou seja, pode ser o fator decisivo para abrir portas e fechar acordos de forma estratégica e alinhada.

Nos Estados Unidos, por exemplo, sucesso tem tudo a ver com velocidade e impacto financeiro. Crescimento rápido, lucros astronômicos e ser o centro das atenções são a fórmula para o "cheguei lá". Na América do Norte, uma mansão, um carro de luxo ou uma empresa na lista da *Forbes* são símbolos que gritam sucesso. É como se a mentalidade fosse: "Quanto maior e mais visível, melhor!".

Agora, cruzando o Atlântico para a Europa, o tom muda completamente. Em países como Alemanha e Suíça, o sucesso não precisa ser exibido; ele é medido em estabilidade e precisão. Ter uma empresa sólida, que cresce de forma constante e mantém uma reputação impecável é muito mais valorizado do que uma expansão rápida e cheia de riscos. A discrição é quase um sinônimo de status.

Indo para o Japão e outros países asiáticos, o sucesso ganha um tom coletivo. Esqueça a imagem do líder que brilha sozinho; por lá, **a verdadeira conquista está na harmonia e na capacidade de conduzir a equipe como um todo.** Respeito pela hierarquia e lealdade são pilares para construir reputação e status. É como se o lema fosse: "O todo é maior que a soma das partes".

E no Brasil? Aqui somos um mix maravilhoso de tudo isso. Claro, amamos celebrar conquistas financeiras – quem não gosta? Mas, ao mesmo tempo, **valorizamos a habilidade de construir conexões reais e duradouras.** Sucesso, para nós, é tanto sobre o que você tem quanto sobre quem você tem ao seu lado. Uma rede de confiança e boas amizades é um ativo tão valioso quanto um saldo positivo no banco.

O segredo para navegar entre essas diferentes percepções de sucesso? Adaptar o tom da sua negociação e alinhar expectativas. Para os americanos, destaque números e possibilidades de crescimento. Para os alemães, mostre um plano sólido e confiável. Para os japoneses, valorize o trabalho em equipe e o respeito pelos valores tradicionais. E para os brasileiros, traga resultados, mas com aquele toque humano que só a gente sabe dar.

No final, sucesso é muito mais do que dinheiro ou status: é sobre como você se conecta com as pessoas e respeita as nuances culturais que fazem o mundo dos negócios ser tão fascinante.

5. A INFLUÊNCIA DA CULINÁRIA E DOS RITUAIS À MESA NOS NEGÓCIOS

Se tem algo capaz de transformar uma negociação em uma experiência memorável é a comida. Porque, vamos combinar, quem não gosta de uma boa refeição acompanhada de boas histórias? Vocês puderam ver com minhas experiências pessoais o quanto a mesa representa conexão e aproximação entre os povos. No Brasil, por exemplo, a mesa é o palco no qual as relações se aprofundam e as tensões se dissolvem. Um almoço vira quase um "pequeno evento", com direito a risadas, sobremesas e, claro, aquele cafezinho final para arrematar.

Mas nem todo mundo encara a comida como a gente. Na China, por exemplo, um banquete é quase uma performance digna de Oscar. Não pense que você vai chegar, comer rapidinho e ir embora. As negociações se arrastam entre rodadas de pratos que, muitas vezes, você nem sabe exatamente do que se tratam. E, por favor, não coma antes de o anfitrião dar o sinal. Isso é como furar a fila na padaria: um sacrilégio! E recusar um prato? Bom, nesse ponto você já conhece a minha opinião: eu falo um suave "não" sorrindo, mas não como o que eu não gosto e não faço o que não me deixa confortável, por negócio nenhum no mundo. Se for servido algo exótico, como uma sopa de sapos asiáticos gigantes, e você se sentir confortável ou estiver aberto a novos sabores e experiências, pegue os *hashis* e vá em frente. Caso não, seja bem honesto consigo e recuse com educação. Vai por mim: **autorrespeito com conhecimento cultural é tudo!** Ah, e prepare-se para os brindes, porque eles são praticamente uma dança coreografada. Se ignorar um, você pode acabar dançando sozinho.

Já na França e na Itália, as coisas fluem de forma mais charmosa e, digamos, demorada. A refeição é quase um poema. Negociar no meio de um almoço pode significar horas e horas degustando pratos impecáveis, com pausas estratégicas para falar de negócios entre uma taça de vinho e outra. E nem pense em apressar o processo, pois isso seria tão inadequado quanto pedir ketchup para acompanhar a *pasta com trufas brancas de Alba*.

Nos Emirados Árabes, a comida é quase sagrada. A hospitalidade deles é um show à parte, e recusar o que é oferecido pode ser interpretado como uma ofensa quase pessoal. Mesmo que você esteja cheio, aceite um pouco mais – afinal, a comida carrega um símbolo de confiança e respeito.

Para nós, brasileiros, adaptar-se a esses rituais alimentares pelo mundo é quase um jogo divertido. Afinal, amamos comida, adoramos conversar, e se tem uma coisa que sabemos fazer é criar conexões. Seja provando algo inusitado, saboreando vinhos elegantes ou aceitando aquela última rodada de café, o importante é estar presente, respeitar os costumes locais e, claro, aproveitar. No fim das contas, uma boa refeição faz qualquer negócio parecer mais gostoso.

6. TRADUÇÃO CULTURAL: OS PERIGOS DE SER LITERAL

Quem nunca usou o Google Tradutor que atire a primeira pedra. Esse salvador da pátria para quem precisa dar aquele jeitinho em uma conversa internacional. Quem nunca usou e achou que estava arrasando, só para perceber depois que disse algo completamente sem sentido? Pois é, confiar cegamente nas traduções automáticas pode levar a situações hilárias – ou desastrosas.

Por exemplo, imagine explicar o famoso "jeitinho brasileiro" para um gringo. O Google Tradutor diria algo como *brazilian little way*. E agora? Como você vai fazer alguém entender que isso não é sobre caminhos estreitos ou algo fofinho, mas sobre a nossa habilidade quase mágica de encontrar soluções criativas (ou improvisadas) para qualquer problema? Resultado: confusão, olhares perdidos e, provavelmente, risadas nervosas.

Agora, no Japão, a coisa fica ainda mais séria. Por lá, a comunicação é uma arte cheia de sutilezas e significados implícitos. Usar uma tradução automática para um termo importante pode ser o equivalente a ir para uma reunião com um panda como porta-voz – fofinho, mas completamente inútil e fora do contexto. As máquinas não entendem as nuances culturais, e uma palavra mal colocada pode transformar sua proposta incrível em um mico monumental.

E na França? Ah, os franceses! Eles adoram uma expressão elegante, mas traduções literais do português podem gerar momentos memoráveis – e não no bom sentido. Tente explicar para um francês o ditado "colocar a carroça na frente dos bois". Traduzido diretamente, vira quase uma metáfora agrícola. Sentido? Zero. O mais provável é que você receba olhares de confusão e, por que não, julgadores.

A lição aqui? Traduções automáticas são ótimas para emergências, mas cuidado com expressões culturais e metáforas. **Sempre que possível, cheque se o que você disse faz sentido no idioma e, mais importante, na cultura do seu ouvinte.** Dentro do possível, conheça e estude o básico do idioma do país ou, em último caso, contrate um tradutor "humano". Aposto que ninguém quer dizer "estou com a faca e o queijo na mão" e acabar vendo o interlocutor imaginando brasileiros duelando na cozinha! Então, fica a dica: traduza com cuidado, e o mundo entenderá você muito melhor.

7. GESTÃO DE CRISES EM DIFERENTES CULTURAS

Crise no meio de uma negociação? Ai, que dor de cabeça! Mas a forma como diferentes culturas lidam com crises pode ser surpreendentemente diferente. Enquanto no Brasil somos verdadeiros mestres da improvisação – já que "quem não tem cão caça com gato" –, em outros lugares o caos é resolvido com muita calma (ou pânico).

Nos Estados Unidos, a gestão de crises é quase uma arte. Uma vez que o problema surge, as empresas costumam atacar de frente, com um plano de ação meticuloso e, claro, um pouco de *spin* para controlar a narrativa. Lá, resolver o problema com transparência e rapidez é crucial. Já no Japão, as crises são tratadas com uma abordagem muito mais delicada. A palavra de ordem é "não perder a face". Isso significa que, em vez de escancarar o problema, eles preferem lidar com ele de forma discreta, garantindo a permanência da harmonia.

Na Alemanha, crises são vistas quase como falhas no sistema – e eles são meticulosos com sistemas! Então, se algo der errado, a solução é rápida e eficiente, mas sempre seguindo as regras. Nada de improvisação ou jeitinho aqui. Já os franceses vão querer discutir, refletir, filosofar sobre a crise antes de chegar a uma solução prática. Prepare-se para debates intensos antes de qualquer decisão ser tomada.

Então, se você é brasileiro e está negociando em uma crise internacional, lembre-se: respire fundo, adapte sua estratégia e nunca subestime o poder de um bom plano (ou de uma filosofia rápida à *la francesa*). E, claro, guarde o "jeitinho" para o momento certo!

8. O PAPEL DO TEMPO: CURTO X LONGO

Um dos maiores causadores de frustração nas negociações internacionais é o tempo. No Brasil, nós somos os reis da flexibilidade com prazos. Precisou esticar a data de entrega? Sem problemas, a gente dá um jeito. Mas tente essa abordagem com os alemães e o resultado será uma bela dor de cabeça.

Na Alemanha e na Suíça, o tempo é sagrado. Tudo precisa ser planejado com antecedência, e qualquer mudança gera desconfiança. É como se cada segundo fosse cronometrado. Em compensação, nos Estados Unidos, o foco está no curto prazo. O que importa é o resultado imediato. Se você estiver negociando com americanos, prepare-se para apresentar soluções rápidas e de impacto. "Tempo é dinheiro" é um estilo de vida por lá!

No entanto, do outro lado do espectro, você tem a China, onde o longo prazo reina absoluto. Os chineses gostam de construir relações comerciais que se desenrolam ao longo de anos (ou décadas!). Sem pressa, eles preferem paciência e planejamento detalhado. Já na Itália, a pontualidade pode ser um conceito um pouco mais flexível. Se a reunião atrasar, não se preocupe, pois isso faz parte do charme italiano. Eles valorizam a relação pessoal mais do que qualquer relógio.

Para o brasileiro que flutua entre prazos flexíveis e a capacidade de improvisar no aperto, o segredo é entender o ritmo da outra cultura. Se a pressa é inimiga da perfeição na Alemanha, no Japão e na China, ela é a melhor amiga dos estadunidenses. Ajuste o relógio e o calendário de acordo com a cultura com quem está negociando e siga o *flow*.

9. CONFLITOS CULTURAIS AO ESTABELECER PARCERIAS GLOBAIS

Uma parceria global pode parecer um casamento perfeito... até que surgem os conflitos culturais. O que começou como uma união promissora entre empresas de diferentes partes do mundo pode rapidamente virar um jogo de diferenças. Um dos maiores erros é achar que o jeito de fazer negócios no Brasil vai funcionar da mesma forma, digamos, no Japão ou na Suécia. (*Spoiler*: não vai!)

Por exemplo, enquanto no Brasil adoramos improvisar e encontrar soluções rápidas, os japoneses vão querer discutir tudo, detalhadamente, antes de qualquer mudança acontecer. E se você se encontrar em uma parceria com uma empresa alemã, esqueça qualquer tentativa de buscar atalhos. Eles adoram processos bem estruturados e seguirão cada passo religiosamente.

Na Índia, por outro lado, a palavra-chave é "flexibilidade", mas não pense que isso significa improvisação. Lá, as decisões precisam passar por várias rodadas de discussões e, muitas vezes, as famílias dos empresários estão envolvidas. Consegue imaginar a complexidade disso? Já na Dinamarca, tudo gira em torno da confiança mútua e da transparência. Se você tentar esconder qualquer detalhe importante, a parceria pode ruir mais rápido do que imagina.

O segredo para evitar esses conflitos? Comunicação aberta e clara! Entender as expectativas de cada cultura, desde a forma de tomar decisões até como os prazos são vistos, será a sua bússola para navegar nessas águas internacionais com muito mais sucesso. Ah, e claro: paciência sempre!

10. NEGOCIAÇÕES REMOTAS: COMO A CULTURA AFETA AS RELAÇÕES NO MUNDO VIRTUAL

A pandemia, em 2019, nos jogou de cabeça no mundo das negociações remotas, e a cultura tem um papel ainda mais forte nesse ambiente virtual. Quem diria que até no Zoom ou no Teams as diferenças culturais fariam tanto impacto? E acredite: fazem muito!

Nos Estados Unidos, as reuniões virtuais são rápidas, objetivas, e muitas vezes as câmeras estão desligadas. É o famoso "vamos direto ao ponto". Já na França, mesmo nas reuniões virtuais, a formalidade prevalece. Eles esperam certa polidez, e o uso de câmeras é quase obrigatório, pois gostam de ver quem está do outro lado. Na China, prepare-se para uma videoconferência que talvez comece com alguns minutos de silêncio.

Na Alemanha, pontualidade e eficiência não mudam no ambiente virtual. Se a reunião está marcada para as 14h00, às 14h01 já pode ser tarde demais. Por outro lado, na Índia, pode ser comum que a reunião comece com uma leve flexibilidade de horário e as discussões se alonguem mais do que o esperado.

Para nós, que adoramos uma conversa mais descontraída e informal, é essencial ajustar o tom e o ritmo da comunicação virtual. E, claro, nada de usar aquele fundo tropical animado com coqueiros para uma reunião com alemães ou japoneses – eles podem achar que você está no meio das férias!

11. MULHERES NOS NEGÓCIOS INTERNACIONAIS: A MONTANHA-RUSSA CULTURAL

Se você é uma mulher navegando no mundo das negociações internacionais como eu, prepare-se para uma viagem cheia de altos, baixos e algumas reviravoltas inesperadas. Em alguns países, você será recebida com a naturalidade de quem já ocupa esse espaço há tempos; em outros, precisará acionar aquele "modo ninja" para driblar preconceitos e mostrar quem realmente manda.

Nos Estados Unidos e na Europa Ocidental, o ambiente de negócios é, geralmente, um campo de jogo nivelado. As mulheres estão tão integradas ao mercado que negociar com elas é tão comum quanto pedir café em reuniões. Ninguém pisca os olhos incrédulo se você liderar uma apresentação ou tomar decisões importantes. Você se sente como um peixe na água – ou melhor, uma leoa no comando do bando.

Agora, prepare o jogo de cintura para lidar com culturas mais tradicionais, como no Oriente Médio ou em partes da Ásia. Na Arábia Saudita, por exemplo, o simples fato de uma mulher estar em uma posição de liderança pode causar surpresa – e talvez você precise usar o dobro da firmeza e o triplo da paciência para ser levada a sério. Porém, nada que uma boa estratégia e aquela confiança inabalável não resolvam, certo?

Na Índia, a situação é um verdadeiro mosaico cultural. Por um lado, mulheres ocupam cargos de destaque em várias empresas, especialmente no setor de tecnologia. Por outro, as influências tradicionais ainda podem colocar barreiras sutis (ou nem tão sutis assim) no caminho. A regra é ler o ambiente e se adaptar, seja mostrando autoridade ou criando conexões mais pessoais.

Já nos países escandinavos, como Suécia e Finlândia, a igualdade de gênero é tão natural que você até esquece que em outros lugares isso pode ser um problema. Negociar por lá é tão fluido que, se não prestar atenção, você pode até se pegar pensando: *Será que aqui é o paraíso das negociações?*

Para mim, é triste ter que escrever sobre isso atualmente, mas, infelizmente, é necessário. Ainda vivemos em um mundo onde o papel da mulher nos negócios não é universalmente reconhecido ou valorizado, sobretudo em culturas mais conservadoras. Isso não significa que seja impossível; pelo contrário, é uma oportunidade de mostrar que podemos ser tão competentes e estratégicas quanto qualquer homem em qualquer mesa de negociação. Estamos falando de negociações internacionais, e entender essas nuances culturais é fundamental para abrir portas, construir pontes e, quem sabe, ajudar a transformar essas realidades, um passo (e um contrato) de cada vez.

12. SUSTENTABILIDADE E RESPONSABILIDADE SOCIAL NAS NEGOCIAÇÕES

Negociar com sustentabilidade em mente não é apenas uma tendência passageira, é uma exigência cada vez maior em muitas partes do mundo. Mas, como sempre, cada cultura tem a própria forma de abordar a questão. E acredite: tentar vender uma ideia "verde" para um alemão é muito diferente de fazer o mesmo com um americano ou um brasileiro.

Na Europa, especialmente em países como a Suécia e a Alemanha, a sustentabilidade é quase obrigatória. Se você não tem uma abordagem ecológica e responsável, pode esquecer o negócio. Os escandinavos vão esperar que você tenha toda uma estrutura para oferecer. Eles não querem apenas ouvir que seu produto ou serviço é "verde"; eles querem dados, certificações e provas concretas.

Já nos Estados Unidos, a coisa muda de figura. Embora muitos empresários estejam começando a se preocupar com sustentabilidade, o foco ainda está no resultado financeiro. Claro, se você tiver um produto ecológico, melhor ainda, mas lá, "quanto custa" e "quanto vai render" ainda são as primeiras perguntas da lista.

Agora, se você for negociar em países emergentes, como Brasil ou Índia, a sustentabilidade pode ser vista com ótimos olhos, mas nem sempre será a prioridade. Às vezes, o impacto econômico imediato é o fator mais decisivo. No entanto, se você puder alinhar uma proposta sustentável com benefícios financeiros claros, aí sim, terá o combo perfeito!

13. RITUAIS RELIGIOSOS E SEU IMPACTO NAS NEGOCIAÇÕES

Quando se trata de negociações internacionais, ignorar o papel da religião pode ser um mico gigante. Em algumas culturas, a crença religiosa está profundamente entrelaçada com a vida cotidiana e os negócios. No Brasil, embora tenhamos uma diversidade rica, raramente vemos o espiritual interferir no profissional, exceto em momentos de pausa para refletir ou expressar crenças pessoais.

Mas tente ignorar os horários de oração em um país como a Arábia Saudita ou o Irã e veja como a negociação vai desandar. Nos países muçulmanos, o chamado à oração (*Adhan*) é feito cinco vezes ao dia, e interromper uma reunião para permitir que os participantes rezem é um sinal de profundo respeito. Não entender ou não se adaptar a isso pode ser visto como desconsideração.

Em países como Israel, o *Shabat* (o descanso semanal) é sagrado, e tentar agendar uma reunião de sexta à noite, por exemplo, é um erro grave. Na Índia, com sua diversidade de religiões, desde o hinduísmo até o islamismo, os feriados religiosos podem impactar completamente o calendário.

O segredo para o sucesso é simples: pesquise antes de marcar qualquer reunião importante, esteja ciente dos feriados e rituais religiosos e, claro, demonstre respeito. Respeitar essas práticas pode, muitas vezes, ser o que diferencia um acordo fechado de um que nunca acontece.

14. A PERCEPÇÃO DO NETWORKING EM DIFERENTES CULTURAS

Networking é aquela palavrinha mágica que parece ser o segredo para o sucesso nos negócios. Mas atenção: não é em todo lugar que funciona da mesma forma. Nos Estados Unidos, por exemplo, networking é quase um esporte. Você vai a um evento, distribui cartões de visita como se fossem confete e, no dia seguinte, já está trocando e-mails com seus novos contatos, planejando cafés e almoços. Tudo rápido, prático e estratégico.

Agora, se você tentar essa abordagem rápida na França, prepare-se para alguns olhares de reprovação. Os franceses são mais reservados e preferem construir relacionamentos de confiança a longo prazo. Eles não gostam de algo que pareça forçado ou excessivamente comercial. Networking na França é mais sobre encontrar interesses em comum, semear laços genuínos e, quem sabe, transformar isso em negócio.

Já no Japão, o networking é bem mais formal. Você não vai simplesmente chegar e "se vender". A apresentação geralmente precisa vir de alguém que já tenha uma boa reputação no círculo, e assim o relacionamento será construído com paciência. Tudo no seu tempo, com muito respeito e consideração.

No Brasil, somos um meio-termo. Gostamos de fazer contatos, sim, mas adoramos também uma boa conversa e algum tipo de conexão pessoal antes de avançar. O networking brasileiro é amigável e muitas vezes se mistura com o lazer – aquela cervejinha ou café que rende ótimos negócios.

15. O PAPEL DA FAMÍLIA NOS NEGÓCIOS

Negócios são negócios, certo? Mas em muitas culturas ao redor do mundo, a família está no centro de tudo. Se você acha que uma negociação vai envolver apenas as partes comerciais, pense de novo. Em países como a Índia e boa parte do Oriente Médio, as empresas familiares são regra, não exceção. As decisões muitas vezes passam por discussões intensas, e você pode se pegar em uma reunião com o tio, o primo e até a sogra do seu parceiro de negócios!

No Brasil, a cultura de negócios familiar também é forte. Muitas das grandes empresas brasileiras começaram como empreendimentos íntimos e mantêm esse espírito até hoje. Negociar com uma empresa familiar brasileira pode ser uma experiência muito próxima, e aposto que você logo estará almoçando com a família inteira.

Já em países como os Estados Unidos, há uma separação mais clara entre negócios e família. É comum ver os negócios sendo geridos de forma mais corporativa, com menos envolvimento direto pessoal nas decisões do dia a dia. Por fim, na Itália, negociar com uma empresa familiar pode ser uma aventura. A paixão pelo negócio transparece em cada decisão, e você logo se vê envolvido na energia calorosa de uma empresa que é mais do que um trabalho; é um legado. Porém, tenha em mente que conflitos internos familiares podem influenciar diretamente as negociações.

Aproveite a familiaridade e construa essas conexões. Mostre interesse genuíno na família e nas tradições que a empresa representa. Esteja preparado para respirar fundo e lidar com dinâmicas familiares... porque negócios e família, em muitos países, são inseparáveis.

POSFÁCIO

Alexandre Assis

Finalizar a leitura de *O Mundo é Seu! Negócio Fechado* é como concluir uma grande viagem pelos bastidores do mundo dos negócios internacionais. Natália Mondelli nos guia por diferentes culturas, comportamentos e estratégias que moldam as negociações globais, oferecendo não apenas conhecimento técnico, mas uma perspectiva humana e estratégica sobre como construir conexões genuínas em um ambiente empresarial multicultural.

Ao longo dessa jornada, uma verdade se destaca: negociar é muito mais do que fechar contratos, é sobre compreender pessoas. O livro nos mostra que, por trás de cada transação comercial, há valores, costumes e formas de pensar que precisam ser respeitadas e compreendidas para que o sucesso seja sustentável e duradouro.

A riqueza de detalhes, os exemplos práticos e as experiências compartilhadas ao longo dos capítulos tornam esta obra um guia essencial para profissionais que desejam atuar com segurança e assertividade no mercado internacional. Se há algo que este livro nos ensina, é que a habilidade de se adaptar e se comunicar eficazmente entre diferentes culturas pode ser o maior diferencial competitivo em um mundo globalizado.

Agora que chegamos ao fim desta leitura, o verdadeiro desafio começa: aplicar os aprendizados no dia a dia. Seja ao lidar com parceiros de diferentes países, ao construir relações comerciais sólidas ou ao evitar barreiras culturais que possam comprometer negócios; as lições compartilhadas aqui servirão como um mapa para trilhar o caminho do sucesso internacional.

Que cada negociação seja mais do que uma simples transação, seja uma oportunidade de aprendizado, crescimento e conexão. Afinal, como bem reforçado por Natália Mondelli, o mundo dos negócios não pertence a quem apenas sabe vender, mas a quem sabe compreender, respeitar e se adaptar às diferenças culturais.

O mundo é seu. Agora, é sua vez de fazer negócio!

PARTE III:
QUIZ INTERATIVO: AGORA É COM VOCÊ LEITOR...

Sim, você, que está mergulhando comigo nesse mundo fascinante das diferenças culturais! Enquanto escrevia este livro, uma ideia surgiu: por que não transformar o aprendizado em algo vivo, interativo, quase um jogo? Afinal, entender culturas é um desafio bem emocionante, concorda? 😊

Então, aqui vai a proposta: imagine que você está vivendo uma situação real. Pode ser no Japão, um almoço de negócios na Itália, ou até uma conferência na Alemanha. E aí? Você saberia como agir para causar uma boa impressão e fechar o negócio?

Difícil? Mas calma, eu vou facilitar a sua vida – ou talvez não. Você terá **três opções** para escolher o que fazer. Uma delas é o caminho certo, a jogada de mestre que leva ao sucesso. As outras? Bem... uma pode ser um mico internacional que vai fazer você querer se esconder (quem nunca?) e a outra... bom, digamos que pode ser uma estratégia que não funcionaria nem no melhor dos dias.

Meu objetivo aqui é simples: te envolver, te fazer rir e, claro, te preparar para o mundo real das negociações interculturais. Pequenas empresas, grandes empresas, tanto faz – **o que importa é que você feche este livro com a confiança de quem entende as sutilezas que fazem toda a diferença.**

Então, topa o desafio? Negociar com o mundo é uma arte, e você está prestes a se tornar um artista!

"O QUE IMPORTA É QUE VOCÊ FECHE ESTE LIVRO COM A CONFIANÇA DE QUEM ENTENDE AS SUTILEZAS QUE FAZEM TODA A DIFERENÇA."

1. **ARROTOS NA MONGÓLIA**

   Você está em um jantar tradicional na Mongólia e, após a refeição, sente vontade de arrotar. O que você faz?

   a. Segura o arroto, pois é falta de educação.
   b. Arrota discretamente, apenas para aliviar o estômago.
   c. Arrota alto, porque é um sinal de que você apreciou a comida.

2. **CALÇAS AMARELAS NA MALÁSIA**

   Você vai a um casamento na Malásia e quer impressionar. Que roupa você escolhe?

   a. Um traje amarelo, pois é uma cor vibrante e alegre.
   b. Um terno azul, para parecer elegante.
   c. Algo simples e confortável, como preto ou branco.

3. **APERTOS DE MÃO NO ZIMBÁBUE**

   Você está cumprimentando alguém no Zimbábue. Como você faz?

   a. Um aperto de mão firme, para demonstrar confiança.
   b. Um aperto de mão fraco, com a outra mão tocando o próprio braço.
   c. Apenas acena, pois apertos de mão não são comuns.

4. **RIR NO CONGO**

   Você ouve alguém contando uma história triste no Congo e, para aliviar a tensão, decide rir. O que acontece?

   a. As pessoas acham que você é insensível.
   b. As pessoas consideram normal, pois rir pode demonstrar empatia.
   c. As pessoas ficam confusas e mudam de assunto.

5. **BEBIDAS NA GEÓRGIA**

   Você está em uma festa na Geórgia e percebe que ninguém está bebendo sozinho. O que você faz?

   a. Bebe sozinho, pois é mais rápido e prático.
   b. Espera por um brinde, já que todos bebem juntos.
   c. Finge que está bebendo para não parecer deslocado.

6. **ESPIRROS NA COREIA DO SUL**

Você está em um café na Coreia do Sul e espirra. O que faz em seguida?

a. Pede desculpas imediatamente.

b. Apenas diz "saúde" e continua normalmente.

c. Sai do lugar para não ser mal interpretado.

---

7. **BANHOS NA FINLÂNDIA**

Você é convidado para discutir negócios numa sauna na Finlândia. O que você faz?

a. Vai de roupa de banho, para se sentir mais à vontade.

b. Vai nu (peladão mesmo), porque isso é o que os locais fazem.

c. Recusa o convite, pois acha a ideia desconfortável.

---

8. **CUMPRIMENTOS NO QUÊNIA**

Você encontra uma pessoa no Quênia e quer cumprimentá-la com entusiasmo. O que você faz?

a. Um aperto de mão e pergunta como ela está.

b. Pergunta sobre sua família antes de qualquer outro assunto.

c. Dá um abraço caloroso.

---

9. **COMENDO COM AS MÃOS NO SENEGAL**

Você está jantando no Senegal e percebe que todos estão comendo com as mãos. O que você faz?

a. Usa os talheres que trouxe, para evitar sujeira.

b. Come com a mão direita, como os locais.

c. Come com ambas as mãos, porque parece prático.

---

10. **ASSOVIOS NA ESTÔNIA**

Você está em uma apresentação na Estônia e decide assoviar para mostrar sua empolgação. O que acontece?

a. As pessoas ficam ofendidas, pois é considerado rude e traz má sorte.

b. As pessoas acham engraçado, mas inapropriado.

c. As pessoas ficam felizes, porque assoviar demonstra aprovação.

---

11. BEBÊS NA DINAMARCA

Você vê um carrinho de bebê estacionado do lado de fora de um café em Copenhague. O que você faz?

a. Entra no café para avisar os pais.
b. Nada, porque é um ato normal.
c. Chama a polícia, achando que o bebê foi abandonado.

---

12. TORTA NO ROSTO NO MÉXICO

Você está em uma festa no México e alguém sugere enfiar o rosto na torta de aniversário. O que você faz?

a. Ri, mas se recusa, achando estranho.
b. Participa, porque é tradição.
c. Tenta evitar o momento, pois acha embaraçoso.

---

13. DIZER "NÃO" NA NIGÉRIA

Você está em um mercado na Nigéria e um vendedor oferece um produto. O que você faz?

a. Diz "não" diretamente, porque não quer comprar.
b. Evita dizer "não" e tenta recusar indiretamente.
c. Compra algo, mesmo que não precise, para evitar constrangimentos.

---

14. TRAVESSEIROS NO TOGO

Você visita uma casa no Togo e vê alguém sentado em um travesseiro. O que você faz?

a. Nada, porque é normal.
b. Pergunta o motivo daquilo.
c. Fica chocado, porque é um objeto usado apenas para dormir.

---

15. DIZER "SIM" NA BULGÁRIA

Você faz uma pergunta na Bulgária e a pessoa acena com a cabeça como se estivesse dizendo "não". O que você entende?

a. Que a resposta é "sim".
b. Que a pessoa está confusa.
c. Que a resposta é "não".

---

16. CEBOLAS NA ETIÓPIA

Você é convidado para um almoço na Etiópia e o anfitrião coloca cebola crua no seu prato. O que você faz?

a. Come com gratidão.
b. Recusa, porque não gosta de cebola.
c. Tenta comer apenas um pouco para agradar.

17. PLANTAS NO CAMBOJA

Você quer dar um buquê de flores para um amigo no Camboja. Qual delas deve evitar?

a. Flores brancas.
b. Flores amarelas.
c. Flores vermelhas.

18. BALÕES NO KUWAIT

Você dá um balão para uma criança no Kuwait. O que pode dar errado?

a. A cor do balão pode ser ofensiva.
b. Balões são vistos como infantis demais.
c. Balões são associados a casamentos.

19. DENTES NA NOVA GUINÉ

Você sorri para alguém na Nova Guiné. O que acontece?

a. É bem recebido, porque sorrir é universal.
b. As pessoas podem achar que você está tentando mostrar superioridade.
c. É ignorado, porque sorrir é irrelevante.

20. CUMPRIMENTOS NA GROENLÂNDIA

Você conhece alguém na Groenlândia e estende a mão para cumprimentar. O que acontece?

a. É estranho, porque eles esfregam narizes como forma de cumprimento.
b. Eles apertam sua mão com força.
c. Eles ignoram, porque não é comum cumprimentar estranhos.

21. SILÊNCIO NO JAPÃO

Você está em um trem no Japão e recebe uma ligação importante. O que faz?

a. Atende à ligação e fala baixo, tentando não incomodar.
b. Manda uma mensagem dizendo que ligará de volta.
c. Sai correndo do vagão para atender a ligação sem perturbar ninguém.

---

22. COMER COM A MÃO DIREITA NA ÍNDIA

Você está em um almoço na Índia e percebe que os locais estão comendo com as mãos. O que você faz?

a. Usa a mão esquerda, porque tem mais habilidade com ela.
b. Usa a mão direita, como fazem os locais.
c. Pede talheres, porque acha desconfortável comer com as mãos.

---

23. CUMPRIMENTOS NA FRANÇA

Você conhece alguém na França e quer cumprimentar de forma tradicional. O que você faz?

a. Dá dois beijos, um em cada lado do rosto.
b. Dá três beijos alternados entre os lados.
c. Espera a iniciativa da pessoa, porque o número de beijos varia conforme a região.

---

24. CRIANÇAS NA TAILÂNDIA

Você encontra uma criança fofa na Tailândia e quer fazer um carinho nela. O que você faz?

a. Faz carinho na cabeça dela, porque crianças gostam disso.
b. Pergunta aos pais antes de tocá-la.
c. Evita tocar na cabeça dela, porque essa parte do corpo é sagrada.

---

25. FLORES NA RÚSSIA

Você quer presentear um parceiro de negócios na Rússia com um buquê de flores. Quantas flores você escolhe?

a. Um número par, porque parece mais harmonioso.
b. Um número ímpar, porque é o que os russos preferem.
c. Não importa, qualquer quantidade está boa.

---

26. TINTA VERMELHA NA COREIA DO SUL

Você está assinando um cartão na Coreia do Sul e decide escrever o nome do seu amigo. Que cor de tinta você usa?

a. Vermelha, porque é vibrante e bonita.
b. Azul, porque combina com o papel.
c. Qualquer cor, menos vermelha.

---

27. GESTO OFENSIVO NA GRÉCIA

Você está em um restaurante na Grécia e quer recusar um prato de que não gostou. O que você faz?

a. Mostra a palma da mão aberta, como quem diz "não, obrigado".
b. Faz um gesto de "polegar para baixo".
c. Acena com a cabeça e agradece educadamente.

---

28. PONTUALIDADE NO QUÊNIA

Você marca um compromisso com um amigo no Quênia para as 15h00. O que você faz?

a. Chega às 15h00, pontualmente.
b. Chega às 15h30, porque sabe que atrasos são comuns.
c. Chega às 14h45, para garantir.

---

29. CAFÉ NA ITÁLIA

Você termina um almoço na Itália e quer tomar um café. O que você pede?

a. Um cappuccino, porque é seu café favorito.
b. Um expresso, como os italianos fazem.
c. Um café com leite, porque combina com a sobremesa.

---

30. NEGOCIANDO NA CHINA: O PRESENTE ERRADO

Você quer impressionar um cliente chinês e decide levar um presente especial. O que você escolhe?

a. Um relógio sofisticado, porque é símbolo de status.
b. Um presente intermediário, como uma caneta de luxo.
c. Um par de sapatos novos, porque são úteis no dia a dia.

---

31. NEGOCIANDO NO JAPÃO: O CARTÃO DE VISITA

No início de uma reunião no Japão, um colega te entrega o cartão de visita com as duas mãos. O que você faz?

a. Guarda o cartão imediatamente no bolso.
b. Lê o cartão com atenção e o coloca cuidadosamente na mesa.
c. Faz uma piada sobre o design do cartão, para quebrar o gelo.

32. NEGOCIANDO NA RÚSSIA: O BRINDE

Você está em um jantar na Rússia e todos fazem um brinde. O que você faz?

a. Apenas levanta o copo, sem dizer nada.
b. Faz contato visual com as pessoas antes de tomar um gole.
c. Bebe antes de o brinde terminar para evitar atrasos.

33. NEGOCIANDO NA ETIÓPIA: HORA DO CAFÉ

Você está em uma reunião na Etiópia e te oferecem uma xícara de café seguida de mais duas durante a tradicional cerimônia do café. O que você faz?

a. Aceita e bebe rápido, para não interromper a reunião.
b. Bebe só metade, agradecendo a gentileza.
c. Bebe todas as três xícaras oferecidas, como manda a tradição.

34. NEGOCIANDO NO CAZAQUISTÃO: A REFEIÇÃO DE CARNE DE CAVALO

Você é convidado para um almoço de negócios no Cazaquistão e te servem carne de cavalo, considerada uma iguaria local. O que você faz?

a. Come com entusiasmo, agradecendo a refeição especial.
b. Recusa educadamente, explicando que não come carne de cavalo.
c. Pede algo mais familiar, como frango ou carne bovina.

35. NEGOCIANDO EM FIJI: O CERIMONIAL DA KAVA

Em Fiji, antes de uma negociação, você é convidado a participar da cerimônia da kava, quando uma bebida tradicional é servida. O que você faz?

a. Aceita e bebe tudo de uma vez, como os locais.
b. Toma um pequeno gole, porque não gosta do sabor.
c. Recusa educadamente, pois não quer se envolver em tradições estranhas.

36. NEGOCIANDO NA MONGÓLIA: PRESENTES PARA O ANFITRIÃO

Você quer agradecer ao anfitrião mongol e oferece um presente. Como você entrega?

a. Com as duas mãos e uma leve reverência.
b. Com a mão direita, enquanto segura algo na esquerda.
c. Deixa o presente sobre a mesa para que ele pegue.

---

37. NEGOCIANDO NO BUTÃO: O RISO INESPERADO

No Butão, durante uma negociação séria, o anfitrião começa a rir. O que você faz?

a. Ri de volta, mesmo sem entender a piada.
b. Continua sério, mantendo o foco no assunto.
c. Pergunta o motivo do riso, para não parecer deslocado.

---

38. NEGOCIANDO NA INDONÉSIA: O DEDO INDICADOR

Você está apontando para gráficos durante uma reunião na Indonésia. Que dedo você usa?

a. O indicador, porque é o mais preciso.
b. O polegar, para ser educado.
c. Qualquer dedo, porque ninguém liga para isso.

---

39. NEGOCIANDO NA BOLÍVIA: O TRAJE FORMAL

Você vai para uma reunião de negócios na Bolívia e decide vestir o seu melhor terno. O que acontece?

a. Você é elogiado pelo esforço de se vestir bem.
b. As pessoas acham que você está se exibindo.
c. As pessoas consideram inadequado, já que preferem roupas mais casuais.

---

40. NEGOCIANDO NA GROENLÂNDIA: O BANQUETE DE CARNE CRUA

Você é convidado para um banquete na Groenlândia e servem carne crua de peixe e foca. O que você faz?

a. Come e agradece a experiência cultural única.
b. Come apenas o peixe, deixando a foca no prato.
c. Recusa, dizendo que prefere pratos cozidos.

---

41. NEGOCIANDO NO UZBEQUISTÃO: O PÃO SAGRADO

Você está em um jantar no Uzbequistão e recebe pão caseiro no início da refeição. O que você faz?

a. Come imediatamente para mostrar que gostou.
b. Guarda um pedaço para levar como lembrança.
c. Espera até o anfitrião começar a comer.

42. NEGOCIANDO NA TANZÂNIA: CHEIRO DE LEITE AZEDO

Você está em uma reunião na Tanzânia e oferecem um copo de leite fermentado, tradicional da cultura local. O que você faz?

a. Aceita e toma tudo, mesmo achando o gosto estranho.
b. Recusa educadamente, dizendo que não consome laticínios.
c. Aceita, e toma pelo menos um gole para experimentar.

43. NA HUNGRIA: O BRINDE PROIBIDO

Você está em uma reunião na Hungria e propõem fazer um brinde com cerveja. O que você faz?

a. Aceita e faz o brinde alegremente.
b. Sugere brindar com vinho em vez de com cerveja.
c. Brinda, mas não toca os copos, apenas levanta o seu.

44. NEGOCIANDO NA NORUEGA: PAUSAS INTERMINÁVEIS

Você está em uma reunião na Noruega e percebe longos momentos de silêncio. O que você faz?

a. Preenche o silêncio com piadas para quebrar o gelo.
b. Espera pacientemente até que alguém fale novamente.
c. Pergunta diretamente se há algum problema.

45. NEGOCIANDO NO CHILE: O TERNO ERRADO

Você vai para uma reunião no Chile e decide vestir um terno preto elegante. O que acontece?

a. Você é elogiado pelo bom gosto.
b. As pessoas acham que você está de luto.
c. As pessoas consideram um exagero para o ambiente.

46. NEGOCIANDO NA REPÚBLICA TCHECA: CERVEJA NO ALMOÇO

Durante uma reunião em um restaurante na República Tcheca, seu anfitrião pede uma cerveja. O que você faz?

a. Pede água para manter o profissionalismo.
b. Pede uma cerveja também, porque é cultural.
c. Pede vinho, para evitar álcool pesado.

---

47. NEGOCIANDO NA ISLÂNDIA: SEM SOBRENOME

Você recebe o cartão de visita de um colega islandês e percebe que não tem o sobrenome escrito nele. O que você faz?

a. Pergunta porque ele não usa um sobrenome.
b. Não menciona nada e usa apenas o nome dele.
c. Assume que o sobrenome está ausente por engano.

---

48. NEGOCIANDO NA UCRÂNIA: FLORES DE PRESENTE

Você quer agradecer seu anfitrião ucraniano com flores. De qual cor você escolhe?

a. Vermelhas, porque são bonitas e apaixonantes.
b. Amarelas, para trazer energia.
c. Brancas, por serem neutras.

---

49. NEGOCIANDO NA ARGENTINA: O BEIJO NO ROSTO

Você encontra um parceiro de negócios argentino que se aproxima para te cumprimentar. O que você faz?

a. Dá um beijo no rosto, como ele fez.
b. Dá um aperto de mão formal.
c. Evita o contato físico para manter o profissionalismo.

---

50. NEGOCIANDO EM PORTUGAL: A SOBREMESA ANTES DO CAFÉ

Você está em um almoço de negócios em Portugal e o garçom pergunta sobre o café. O que você faz?

a. Pede o café antes da sobremesa.
b. Diz que vai esperar a sobremesa para pedir o café depois.
c. Pede café com leite, porque combina com tudo.

GABARITO

1. **ARROTOS NA MONGÓLIA**

   Resposta certa: c) Arrota alto.

   Na Mongólia, arrotar após uma refeição é visto como um elogio ao anfitrião e um sinal de satisfação.

2. **CALÇAS AMARELAS NA MALÁSIA**

   Resposta certa: b) Um terno azul.

   Na Malásia, o amarelo é uma cor reservada para a realeza, e usá-la em ocasiões formais pode ser considerado ofensivo.

3. **APERTOS DE MÃO NO ZIMBÁBUE**

   Resposta certa: b) Um aperto de mão fraco, com a outra mão tocando o braço.

   No Zimbábue, esse gesto é uma forma tradicional de mostrar respeito durante um cumprimento.

4. **RIR NO CONGO**

   Resposta certa: b) As pessoas consideram normal.

   No Congo, rir em momentos tristes ou tensos é uma forma de aliviar a situação ou demonstrar empatia.

5. **BEBIDAS NA GEÓRGIA**

   Resposta certa: b) Espera por um brinde.

   Na Geórgia, é costume beber apenas após um brinde, que geralmente é feito pelo líder do grupo.

6. **ESPIRROS NA COREIA DO SUL**

Resposta certa: a) Pede desculpas.

Na Coreia do Sul, espirrar em público pode ser visto como falta de etiqueta, especialmente em lugares fechados.

7. **BANHOS NA FINLÂNDIA**

Resposta certa: b) Vai nu.

Na Finlândia, a sauna é uma parte importante da cultura, e a nudez é considerada natural nesses ambientes. Sim, queridos leitores, o mesmo aconteceu na Alemanha e na Suíça também. Eu não tenho maturidade para isso.

8. **CUMPRIMENTOS NO QUÊNIA**

Resposta certa: b) Pergunta sobre a família.

No Quênia, demonstrar interesse pela família é uma forma respeitosa de começar uma conversa.

9. **COMENDO COM AS MÃOS NO SENEGAL**

Resposta certa: b) Come com a mão direita.

No Senegal, usar a mão direita para comer é o costume, enquanto a mão esquerda é vista como impura.

10. **ASSOVIOS NA ESTÔNIA**

Resposta certa: a) As pessoas ficam ofendidas.

Na Estônia, assoviar em público pode ser visto como falta de respeito ou até sinal de má sorte.

11. **BEBÊS NA DINAMARCA**

Resposta certa: b) Nada.

Na Dinamarca, é comum deixar bebês do lado de fora de estabelecimentos para que eles tomem ar fresco enquanto os pais estão dentro do local.

12. TORTA NO ROSTO NO MÉXICO

Resposta certa: b) Participa.

No México, é uma tradição engraçada empurrar o rosto do aniversariante na torta!

13. DIZER "NÃO" NA NIGÉRIA

Resposta certa: b) Evita dizer "não".

Na Nigéria, dizer "não" diretamente pode ser considerado rude. Negar algo de forma educada é mais bem aceito.

14. TRAVESSEIROS NO TOGO

Resposta certa: c) Fica chocado.

No Togo, travesseiros são usados exclusivamente para dormir, e se sentar neles é considerado um desrespeito. (Te peguei né, leitor? Essa foi pegadinha.)

15. DIZER "SIM" NA BULGÁRIA

Resposta certa: a) Que a resposta é "sim".

Na Bulgária, o gesto de "sim" e "não" com a cabeça é invertido em relação a outras culturas.

16. CEBOLAS NA ETIÓPIA

Resposta certa: a) Come com gratidão.

Na Etiópia, cebola é um alimento valorizado, e recusá-lo pode ser interpretado como desrespeito. Eu já paguei muito mico com essa, pois odeio cebola de qualquer jeito. (Aliás, você já sacou que sou fresca para comer, né?)

17. PLANTAS NO CAMBOJA

Resposta certa: a) Flores brancas.

No Camboja, flores brancas estão associadas a funerais e lutos.

18. BALÕES NO KUWAIT

Resposta certa: a) A cor pode ser ofensiva.

Algumas cores podem ter significados políticos ou religiosos no Kuwait.

---

19. DENTES NA NOVA GUINÉ

Resposta certa: b) Pode ser visto como superioridade.

Em algumas partes da Nova Guiné, sorrisos amplos podem ser interpretados como arrogância.

---

20. CUMPRIMENTOS NA GROENLÂNDIA

Resposta certa: a) Esfregam narizes.

Na Groenlândia, o *kunik*, ou esfregar de narizes, é uma forma tradicional de cumprimento entre familiares ou amigos próximos.

---

21. SILÊNCIO NO JAPÃO

Resposta certa: b) Manda uma mensagem.

No Japão, falar ao telefone em transportes públicos é considerado rude. Eles prezam por um ambiente silencioso para todos.

---

22. COMER COM A MÃO DIREITA NA ÍNDIA

Resposta certa: b) Usa a mão direita.

Na Índia, a mão esquerda também é considerada impura, então tudo relacionado à alimentação deve ser feito com a mão direita.

---

23. CUMPRIMENTOS NA FRANÇA

Resposta certa: c) Espera a iniciativa da pessoa.

Na França, o número de beijos varia dependendo da região. Pode ser dois, três ou até quatro!

---

24. CRIANÇAS NA TAILÂNDIA

Resposta certa: c) Evita tocar na cabeça dela.

Na Tailândia, a cabeça é considerada a parte mais sagrada do corpo, e tocar a de outra pessoa pode ser visto como desrespeito.

25. FLORES NA RÚSSIA

Resposta certa: b) Um número ímpar.

Na Rússia, flores em números pares são associadas a funerais, então é importante escolher um número ímpar. (Ou leve chocolates, pois eles nunca falham.)

26. TINTA VERMELHA NA COREIA DO SUL

Resposta certa: c) Qualquer cor, menos vermelha.

Na Coreia do Sul, escrever o nome de alguém em tinta vermelha é associado à morte e é considerado sinal de má sorte.

27. GESTO OFENSIVO NA GRÉCIA

Resposta certa: c) Acena com a cabeça e agradece educadamente.

Na Grécia, mostrar a palma da mão aberta (gesto chamado *moutza*) é considerado extremamente ofensivo, equivalente a um insulto.

28. PONTUALIDADE NO QUÊNIA

Resposta certa: a) Chega às 15h00.

No Quênia, o conceito de tempo é mais flexível, e atrasos de até uma hora são socialmente aceitos e esperados. No entanto, o senhor leitor é o convidado e leu no livro da Naty que, mesmo sabendo que vai levar um "chá de sofá", deve chegar pontualmente.

29. CAFÉ NA ITÁLIA

Resposta certa: b) Um expresso.

Na Itália, cappuccinos são tradicionalmente consumidos apenas no café da manhã, nunca após as refeições.

30. NEGOCIANDO NA CHINA: O PRESENTE ERRADO

Resposta certa: b) Um presente intermediário.

Mico: Escolher um relógio ou sapatos é um erro grave. Na China, relógios simbolizam a passagem do tempo e são associados à morte, enquanto sapatos podem ser vistos como "despedida". De novo, com chocolates não tem erro, pessoal.

31. NEGOCIANDO NO JAPÃO: O CARTÃO DE VISITA

Resposta certa: b) Lê o cartão com atenção e o coloca cuidadosamente na mesa.

Mico: Guardar o cartão no ou brincar com ele é considerado desrespeitoso, pois o cartão representa a pessoa.

32. NEGOCIANDO NA RÚSSIA: O BRINDE

Resposta certa: b) Faz contato visual com as pessoas.

Mico: Beber antes de o brinde terminar é um erro grave na Rússia, onde os brindes têm um significado cultural importante.

33. NEGOCIANDO NA ETIÓPIA: HORA DO CAFÉ

Resposta certa: c) Bebe todas as três xícaras.

Mico: Beber só metade ou apenas uma pode ser visto como desrespeito, já que a cerimônia exige que o convidado beba as três xícaras. Saia elétrico de lá, mas beba. Vai por mim.

34. NEGOCIANDO NO CAZAQUISTÃO: A REFEIÇÃO DE CARNE DE CAVALO

Resposta certa: a) Come com entusiasmo.

Mico: Recusar pode ser interpretado como um insulto ao anfitrião, já que carne de cavalo é símbolo de hospitalidade. Mas tudo depende dos seus limites. Respeite-se sempre.

35. NEGOCIANDO EM FIJI: O CERIMONIAL DA KAVA

Resposta certa: a) Aceita e bebe tudo de uma vez.

Mico: Recusar é uma ofensa grave. Participar da cerimônia é um sinal de respeito e aceitação do anfitrião.

36. NEGOCIANDO NA MONGÓLIA: PRESENTES PARA O ANFITRIÃO

Resposta certa: a) Com as duas mãos e uma leve reverência.

Mico: Usar apenas uma mão ou deixar o presente sobre a mesa é considerado rude e desrespeitoso.

37. NEGOCIANDO NO BUTÃO: O RISO INESPERADO

Resposta certa: a) Ri de volta.

Mico: Perguntar pode ser estranho, pois no Butão o riso é uma forma de aliviar a tensão, mesmo em momentos sérios.

38. NEGOCIANDO NA INDONÉSIA: O DEDO INDICADOR

Resposta certa: b) O polegar.

Mico: Apontar com o indicador é considerado rude na Indonésia, enquanto o polegar é mais respeitoso.

39. NEGOCIANDO NA BOLÍVIA: O TRAJE FORMAL

Resposta certa: b) As pessoas acham que você está se exibindo.

Mico: Na Bolívia, especialmente em regiões rurais, ostentar com roupas muito formais pode ser mal interpretado.

40. NEGOCIANDO NA GROENLÂNDIA: O BANQUETE DE CARNE CRUA

Resposta certa: a) Come e agradece.

Nesse caso, vamos avaliar o mico entre comer e ter ânsia e de não comer e ser desrespeitoso? Eu não comeria, pois o mico seria muito maior comendo...

41. NEGOCIANDO NO UZBEQUISTÃO: O PÃO SAGRADO

Resposta certa: b) Guarda um pedaço.

Mico: Comer tudo ou não valorizar o pão é um erro, já que o alimento é considerado sagrado no Uzbequistão.

42. NEGOCIANDO NA TANZÂNIA: CHEIRO DE LEITE AZEDO

Resposta certa: c) Aceita, e toma pelo menos um golinho.

Mico aceitável: Recusar pode ser visto como falta de respeito, já que o leite fermentado é parte da tradição local.

43. NA HUNGRIA: O BRINDE PROIBIDO

Resposta certa: c) Brinda, mas não toca os copos.

44. NEGOCIANDO NA NORUEGA: PAUSAS INTERMINÁVEIS

Resposta certa: b) Espera pacientemente.

45. NEGOCIANDO NO CHILE: O TERNO ERRADO

Resposta certa: b) As pessoas acham que você está de luto.

46. NEGOCIANDO NA REPÚBLICA TCHECA: CERVEJA NO ALMOÇO

Resposta certa: b) Pede uma cerveja também.

47. NEGOCIANDO NA ISLÂNDIA: SEM SOBRENOME

Resposta certa: b) Não menciona nada.

Agora você sabe que, na Islândia, os sobrenomes são raros. Em geral, as pessoas são chamadas pelo primeiro nome.

48. NEGOCIANDO NA UCRÂNIA: FLORES DE PRESENTE

Resposta certa: c) Brancas, por serem neutras.

Amarelas são associadas à traição e separação, e vermelhas podem ser interpretadas como amor romântico, não profissional. Chocolates, galera, chocolates! Livros também são recomendados.

---

49. NEGOCIANDO NA ARGENTINA: O BEIJO NO ROSTO

Resposta certa: a) Dá um beijo no rosto.

Evitar o contato físico ou tentar apenas um aperto de mão pode parecer frio. Na Argentina, um beijo no rosto entre homens e mulheres é comum. *No seas uma flor de pelotudo!*

---

50. NEGOCIANDO EM PORTUGAL: A SOBREMESA ANTES DO CAFÉ

Resposta certa: b) Diz que vai esperar a sobremesa.

Pedir café antes da sobremesa ou um café com leite no almoço é considerado fora do comum em Portugal, onde o expresso é sempre tomado após a refeição.

SOBRE A AUTORA

Natália Mondelli é filantropa, empresária, professora de empreendedorismo, consultora em negociações internacionais e palestrante internacional. Com vasta experiência prática em diversos mercados globais, Natália combina suas vivências com uma abordagem estratégica para ajudar empresas a prosperarem no ambiente de negócios global. Com seu histórico de palestras em conferências e workshops ao redor do mundo, compartilhando insights sobre como entender e se adaptar a diferentes culturas para fechar bons negócios, hoje Natália mora na Suíça, conhece mais de oitenta países, morou em cinco deles e fala cinco idiomas.

Na Europa, Natália construiu uma comunidade sólida e forte através de sua ONG, por meio da qual foi responsável por organizar uma das maiores feiras de startups de imigrantes já realizadas na Suíça, em março de 2024.

Além disso, Natália é presidente do Grupo Mondelli de Educação, que compõe um ecossistema de empresas dedicadas à educação e à formação empresarial. Esse ecossistema inclui uma ONG, a B-Long Business School, uma produtora de eventos, e uma empresa especializada em imersões e missões empresariais no continente europeu, chamada Mondelli Global Ventures. Esta última é focada em promover experiências exclusivas de aprendizado e networking para líderes empresariais, conectando-os a mercados europeus através de visitas corporativas, rodadas de investimentos, workshops imersivos e encontros com especialistas do setor.

Com uma agenda intensa, Natália realiza e participa em mais de trinta eventos por ano em diversos países da Europa, abordando temas como empreendedorismo e as diferenças culturais nos negócios internacionais, inspirando profissionais e empreendedores a alcançarem o sucesso em um cenário globalizado. Natália também compõe e faz parte do seleto e o mais forte grupo de empresários do Brasil, o Clax Club.

🎁 PRESENTE PRA VOCÊ QUE CHEGOU ATÉ AQUI!

Porque conhecimento bom é aquele que transforma — e se você curtiu as páginas deste livro, vai amar mergulhar ainda mais fundo no mundo dos negócios globais com a B-Long Business School. Como forma de agradecimento por sua leitura e confiança, estou te presenteando com 1 mês de acesso completo à nossa plataforma por apenas R$ 1,00!

Basta escanear o QR Code aqui ao lado, escrever o cupom/voucher **"GIFT"** no campo que pede o vale desbloquear trilhas exclusivas de empreendedorismo, inovação, hard skills e negociações internacionais.

O mundo é seu — e esse é só o começo.

www.dvseditora.com.br

Impressão e Acabamento | Gráfica Viena
Todo papel desta obra possui certificação FSC® **do fabricante.**
Produzido conforme melhores práticas de gestão ambiental (ISO 14001)
www.graficaviena.com.br